Josef Müller

Gemeinde – Reform?

Josef Müller

Gemeinde —Reform?

Kritisches Korrektiv oder Zufluchtsort

Unter Mitarbeit von Alois Schwarz

Herold Wien · München

CIP-Kurztitelaufnahme der Deutschen Bibliothek

Müller, Josef:
Gemeinde – Reform? : Krit. Korrektiv oder
Zufluchtsort / Josef Müller. – Wien ; München :
Herold-Verlag, 1983.
ISBN 3-7008-0229-3

Umschlagentwurf: Atelier Grieder-Bednarik
Druck: Herold, Wien 8

ISBN 3-7008-0229-3

Inhalt

VORWORT

Das Thema „Gemeinde" ist nach wie vor im Gespräch. Heute werden viele Wege vorgeschlagen und gesucht, Gemeinde zu verwirklichen. Dabei stellt sich auch immer wieder die Frage nach der notwendigen Erneuerung der Gemeinde. Die Grundkonzeption der herkömmlichen Pfarrei und Ideen der neu entstehenden Gemeinden erscheinen häufig als fast unversöhnbare Gegensätze. Inwiefern können beide Formen der Verwirklichung von Kirche füreinander ein kritisches Korrektiv sein? Die praktischen Überlegungen und Anstöße des Buches gehen in diese Richtung. Dabei stehen konkrete Grundsätze und Anregungen im Mittelpunkt.

Entstanden ist das Buch allerdings auch aus dem intensiven Bemühen, Rechenschaft über die Grundlagen und Grundfragen der Gemeindepastoral und -praxis zu geben. Zu ihrem Zustandekommen und zu ihrer Klärung ist das theologische Gespräch notwendiger denn je. Deshalb kommt dem zweiten Kapitel mit der Theologie der Gemeinde, das von Alois SCHWARZ erarbeitet wurde (S. 47–88), im Ganzen eine zentrale Stellung zu.

Da die im Titel aufgeworfenen Fragen in den einzelnen Kapiteln von verschiedenen Seiten angegangen werden, kehren gelegentlich bestimmte Formulierungen und Gedanken in einem anderen Kontext wieder.

Die für ein praxisorientiertes Buch fast etwas zu umfangreich ausgefallenen Anmerkungen erfüllen besonders die Funktion ausführlicher Literaturhinweise. Sie wollen die einzelnen Aussagen und Positionen nicht mit wissenschaftlichem Beiwerk belasten, sondern angeben, was zur Formulierung des eigenen Standpunktes hilfreich war.

Das Buch ist zum großen Teil aus der Praxis entstanden. Insofern danke ich den beiden Pfarrern der Gemeinde Maria Hilf in Freiburg i. Br., Herrn Prälat Hermann KLEIN und Herrn Pfarrer Eduard SCHMIDT, die mich in ihre Gemeinschaft aufgenommen und damit auf den Weg der Gemeinde mitgenommen haben. Ein besonderer Dank gilt meinen früheren und dem jetzigen Assistenten, Herrn Pfarrer Dr. Leopold MATHIAS, Herrn Pfarrer Dr. Alois SCHWARZ, Wien, und Herrn Heribert W. GÄRTNER, Freiburg i. Br. Sie haben mir durch das intensive Gespräch über die behandelten Fragen wesentliche Anregungen zur Entstehung des Buches gegeben.

Josef Müller

Erstes Kapitel

GEMEINDE HEUTE
Ende oder Anfang einer Neuorientierung?

I. ZWISCHEN RESIGNATION UND UTOPIE

1. Eindrücke und „Blitzlichter“

Gelegentlich sagt eine momentane „Stimmung“ mehr aus als eine gewisse Zahl von Daten und Fakten.[1] So können unter Umständen „Blitzlichter“ im Sinne spontaner Eindrücke mehr von der momentanen Situation in vielen Gemeinden vermitteln als noch so exakte Erhebungen und Untersuchungen. Persönliche Erfahrungen und Feststellungen bestimmen die Sichtweise von Gemeinde und Kirche.

Eine große Zahl von Gemeindemitgliedern erwartet von der Pfarrgemeinde in erster Linie die kirchliche „Versorgung“ am Wohnort. Sie wird garantiert durch den Pfarrer und seine Mitarbeiter. Immer wieder hört der Pfarrer Äußerungen wie diese: „Wir sind zwar keine großen Kirchgänger, aber wir wünschen, daß unser Kind getauft wird.“ Christen, die im übrigen wenig Kontakt zur Gemeinde haben, schätzen an den sogenannten „Lebenswenden“: bei Taufe, Erstkommunion, Trauung, Beerdigung den seelsorglichen Dienst nach wie vor hoch ein. Dennoch bleiben die meisten in ihren unmittelbaren Beziehungen zur Gemeinde anschließend passiv. Nur eine Minderheit ist zu einem Engagement bereit.

Immer mehr breitet sich ein Gefühl der Resignation, Ratlosigkeit und Überforderung aus: „Jetzt soll ich auch noch . . .“ Die einen fürchten, die Gemeinde könne sich zu sehr mit den aktuellen Anliegen bestimmter Bewegungen (z. B. der Umweltschützer, der Friedensbewegung) solidarisieren. In den Augen dieser Christen gleicht sich die Kirche zu sehr innerweltlichen Fragestellungen an und gibt damit ihre prophetische Funktion preis. Anderen scheint die Gemeinde zu sehr rückwärtsgewandt, zu beharrend und schwerfällig, um sich auf Neues einzulassen.

Vielleicht könnte folgende Begebenheit die momentane Situation in den Gemeinden charakterisieren: Im Gottesdienst wird ein Mann ohnmächtig. Aufgeregt bemühen sich die nächsten Gottesdienstteilnehmer um den bewußtlos Gewordenen. Es entsteht eine große Hektik. Niemand weiß wirklich genug Bescheid, um das Notwendige zu tun.

So scheint die konkrete Not in der Vielfalt des Lebens auch die Gemeinde zu überfordern. Viele reagieren mit Ratlosigkeit und resignieren, andere fliehen in die „Nestwärme" und Geborgenheit einer kleinen Gruppe. Leider sind manche dieser Gruppen unfähig, auf die Sehnsüchte und Erwartungen der Menschen einzugehen.

Immer wieder versucht eine beachtliche Zahl von Gemeindemitgliedern, ihre Mitarbeit in die Pastoral der Gemeinde einzubringen. Da und dort stehen dem eindeutigen Rückgang des pfarrlichen Lebens in den Gemeinden bemerkenswerte Aufbrüche eines vertieften religiösen Lebens in verschiedenen Gruppen und Gesprächskreisen entgegen, die für das Wirken der Christen in die Welt ein Fundament zu legen versuchen. So bilden sich Lebenszentren und Kristallisationspunkte, an denen Christen neue Kräfte sammeln, und zwar von der Besinnung auf die Mitte ihres Glaubens: Jesus Christus, der in seinem Geist in der Kirche lebt und durch das Zeugnis lebendiger Christen in ihr und der Welt wirksam wird.

Der Weg in solche kleinen Kreise führt nicht zuletzt über eine „einladende" Gemeinde. Deren Ausstrahlung hängt weitgehend vom persönlichen Engagement einzelner ab, die die Wirksamkeit der Gemeinde tragen – mögen sie zu einer bestimmten Gruppe oder Gemeinschaft gehören oder als einzelne durch ihr Christsein zum Aufbau der Gemeinde beitragen.

Andererseits gibt es in den Gemeinden auch manche „Verwundungen": Dazu gehört die Polarisierung in verschiedenen Richtungen innerhalb der Gemeinde (zwischen den „Fortschrittlichen" und denen von „gestern"). Manche Gemeindemitglieder wurden durch Erfahrungen mit der sakramentalen Praxis (z. B. Beichte) „verletzt".[2] Andere – häufig sogar engagierte – Christen nehmen am Führungsstil der Gemeindeleitung Anstoß. Oft wird Pfarrern vorgeworfen, sie würden ihre Gemeinden zu sehr „von oben herab", gleichsam „amtlich" verwalten, anstatt ihren Gemeinden als „Vorbilder" christliches Leben vorzuleben.

Wie sieht gegenüber diesem Vorwurf der Alltag im Leben vieler Pfarrer aus? Sie halten nach wie vor einige Religionsstunden in der Schule, weil sie überzeugt sind, über die Kinder auch mit den Familien in Kontakt zu kommen. An den Nachmittagen, die nicht durch Beerdigungen, Krankenbesuche und wichtige Besprechungen belegt sind, machen sie Hausbesuche. Am Abend sind oft Tauf- und Brautgespräche, Familienrunden und -gruppen und Gespräche mit Mitarbeitern.

Spricht es nicht für jenen alten Dorfpfarrer, daß er sich in dem Augenblick pensionieren ließ, in dem er feststellte, nicht mehr alle Kinder in der Gemeinde mit Namen zu kennen, wenn er ihnen auf der Straße begegnete? Ist es da verwunderlich, wenn er beim Erzählen pastoraler Erfahrungen von „seinen" Ministranten, von „seiner" Frauengemeinschaft sprach? Geschah im Leben dieses Pfarrers nicht mehr als bloß eine „von oben" kommende Verwaltung?

Solche und andere spontane Eindrücke lassen die Frage aufkommen: Was ist mit den Gemeinden los? Wo liegen die Ursachen für Schwierigkeiten, andererseits Ansatzpunkte für pastorale Möglichkeiten? Im ersten Kapitel soll eine „Bestandsaufnahme" und „Problemanzeige" den Ist-Stand der vielfältigen Ansätze und Bemühungen um die Verlebendigung der Gemeinde darstellen.

2. Christen auf der Suche nach „ihrer" Gemeinde

Viele kennen die Situation engagierter Christen, die auf der Suche nach einer Gemeinde sind, in der sie sich wohlfühlen können. Sonntag für Sonntag spielt sich das gleiche ab: Man packt die Familie ins Auto, versucht es einmal in dieser, am nächsten Sonntag in einer anderen Kirche. Es sind nicht unbedingt Nörgelsucht um jeden Preis oder ein zu hoher Anspruch, die die Familie veranlassen, es immer wieder woanders zu versuchen.

Die Kirche am Wohnort ist architektonisch so unmöglich, daß die Familie nach dem Gottesdienst feststellt, in diesem „Museum" fühlen wir uns ausgesprochen unbehaglich. Der zweite Versuch fällt etwas günstiger aus: Die Kirche ist ein lichter, weiter Raum, der zum Mitfeiern einlädt. Leider entpuppt sich der Pfarrer als ein derart konservativer Prediger, daß die einzelnen Mitglieder der Familie zum Ergebnis kommen: Wir würden uns bei jeder Predigt ärgern. Es ist besser, wir gehen wieder auf die Suche. Die nächste Gemeinde ist total überaltert. Die jüngere und die mittlere Generation fehlen völlig. Die Alten bevorzugen eine Art der sonntäglichen Eucharistiefeier, daß die Meinung einhellig ist: Auch hier können wir nicht heimisch werden. Der vierte Versuch verspricht günstiger zu verlaufen. Die Liedauswahl ist erträglich, die Predigt anregend. Es hat den Anschein, als rege sich in der Gemeinde intensives Leben. Eine nähere Kenntnis belehrt uns eines Besseren: Der Pfarrer erweist sich als autoritärer „Pfarrherr", der eigenwillig regiert und eine Mitarbeit nur akzeptiert, wenn sie unter seiner Leitung steht. Ein Mitdenken ist nicht erwünscht. Auch an den abendlichen Veranstaltungen kann kein lebendiges Gespräch aufkommen.

Diese Beschreibung der Suche nach einer entsprechend „geeigneten Gemeinde" schrieb Otto BETZ fast wörtlich im Jahre 1969;[3] sie trifft für viele unverändert zu: Auch heute sind zahlreiche Christen auf der Suche nach „ihrer" Gemeinde; viele finden sie nicht. Ihre Enttäuschung veranlaßt sie schließlich, die Suche aufzugeben und wegzubleiben. Sie fragen sich: Was verbindet uns eigentlich noch mit der Kirche, mit all diesen „enttäuschenden" Gemeinden? Sind es nicht andere Menschen, mit denen wir uns verbunden fühlen? Sind wir nicht längst herausgewachsen aus den überkommenen Strukturen kirchlicher Frömmigkeit? Haben wir nicht geradezu ein schlechtes Gewissen, wenn wir gegen unsere eigene Überzeugung an einem Gottesdienst teilnehmen, den wir so nicht mehr bejahen können? Blokkieren wir mit unserer noch zu unkritischen Einstellung nicht eine echte Wandlung im Leben der Gemeinde?

In der Suche nach einer Gemeinde, die real als tragende Gemeinschaft erfahren wird, kann die Sehnsucht nach einer menschennahen Kirche verborgen sein, die ihren Platz mitten im Leben der Menschen hat, wo geliebt, geweint und gelacht, gelebt und gestorben wird. Wobei hinter einer solchen Einstellung eine zu individualistische Sicht von Kirche und Gemeinde stehen mag. Auf der anderen Seite kommt darin die Bedeutung zum Ausdruck, die der einzelne im Glauben als Person vor Gott hat. Die „Heilsfrage" ist zuletzt doch auch eine ganz „persönliche Frage". Kardinal RATZINGER schreibt in diesem Zusammenhang: „Man trifft manchmal... auf Romantizismen des Gemeindedenkens, die dies überspielen wollen und von der Gemeinde praktisch die Befreiung von der Last des Ich erwarten.

Gewiß, rechte Gemeinde kann in der Tat zum tragenden Grund für die Person werden, die darin das Du und das Wir findet, dessen sie bedarf. Aber sie kann es nur, wenn die Person dabei befähigt wird, sich selbst zu geben und so, im Geben, auch lernt, sich selbst neu zu empfangen."[4]

Allerdings taucht bei vielen suchenden Menschen in der Frage nach einer Gemeinde, in der sie sich beheimatet fühlen können, zugleich auch das grundsätzliche Problem auf: Warum nicht ohne konkrete Gemeinde? Wozu überhaupt Kirche? Sicherlich werden solche Fragen immer wieder vor allem von Menschen außerhalb der Kirche gestellt, „die in ihr ein überflüssiges, veraltetes und schädliches Gebilde sehen, das den Menschen im Wege steht, das die Freiheit einschränkt, den Fortschritt behindert, dem Menschen ständig ein schlechtes Gewissen suggeriert und ihn dadurch zu beherrschen und zu versklaven sucht".[5]

Tatsächlich werden die Fragen nach der Notwendigkeit der Kirche immer häufiger von Christen selbst gestellt. Kann man nicht für sich selbst und allein Christ sein – ohne das, was mit Kirche eben auch gemeint ist: ohne Organisation und Institution, ohne den kirchlichen, vor allem durch die Hierarchie vertretenen Apparat? Kann man nicht in die Christusnachfolge eintreten und nach dem Evangelium leben, ohne die Vermittlung und ohne die Zwischeninstanz Kirche?

Die Antwort auf die Suche von Christen nach der Kirche und einer konkreten Gemeinde, an die sie sich anschließen können, fällt differenziert aus. Aus den bibel-theologischen Überlegungen des zweiten Kapitels geht hervor, daß Gott sein Heil an die Zeugnisgemeinschaft der Kirche gebunden hat. Kirche ist nie „Selbstzweck". Sie ist nicht um ihrer selbst willen da. In Jesus Christus hat sie für alle Menschen das Heil zu vergegenwärtigen.

Die Sehnsucht der Menschen nach dem Innewerden des Heils in Formen des *gemeinsamen Glaubens* und im brüderlichen Gespräch ist verständlich. Sie entspricht dem Verlangen des einzelnen, im Austausch der eigenen Glaubenserfahrungen das innerste Wesen der Christusnachfolge besser verwirklichen zu können. Insofern stellt sich die Frage nach dem Grund der allsonntäglichen Suche nach der „passenden Gemeinde" – von einer anderen Seite her gesehen – tiefer.

Wer immer nur von einer Gemeinde zur anderen unterwegs ist, läuft Gefahr, sich dem Anspruch des Lebens aus dem Evangelium zu entziehen. Es kann sein, daß sich Christen in bestimmten Gemeinden als zu wenig gefordert erfahren. Wie der einzelne Christ auf seinem Glaubensweg verschiedene Phasen an Glaubensintensität erlebt, gibt es auch in der jeweiligen Gemeinde unterschiedliche Wege und Weisen der Verwirklichung der Nachfolge Jesu. Wenn einer feststellt, daß er in seiner Wohngemeinde im Glaubensleben keine Fortschritte erzielt, sei es, daß der Pfarrer zu wenig auf die Intention der Gemeindemitglieder eingeht, die ein höheres Ideal von Christsein verwirklichen wollen, sei es, daß die Gemeinde als ganze in der Realisierung bestimmter geistlicher Ziele eher zögert, kann es angebracht sein, sich eine Gemeinde der eigenen Wahl zu suchen, in der der einzelne entsprechende Formen geistlichen und liturgischen Lebens findet.

Das bedeutet jedoch zugleich, daß dem Suchen nach der lebendigen Gemeinde innere Grenzen gesetzt sind. Wer ständig bloß auf der Suche ist, entzieht sich leicht dem verbindlichen Anspruch einer länger dauernden Glaubensvertiefung. Er bleibt häufig „anonym". Vor allem trägt er nichts dazu bei, daß sich in der eigenen Gemeinde etwas ändern kann.

Auch sind bestimmte Zeiten des *Bleibens* – und damit Hineinwachsenkönnens – in die Gemeinde notwendig. Von der Mitfeier des Kirchenjahres und den verschiedenen Formen der Verkündigung in der gleichen Gemeinde geht eine prägende Kraft für das Mitleben im Glauben aus.

Allerdings müssen sich die für die Gemeinde Verantwortlichen fragen: Was kann geschehen, damit den berechtigten Ansprüchen jedes einzelnen auf das Wort und die Zeichen des Heils entsprochen wird und die größere Gemeinschaft der Gemeinde als „Lebensraum des Glaubens" erfahren werden kann?[6] Die in der Gemeindeleitung Tätigen sollen eine „Mehrkanaligkeit des Christseins" in der Gemeinde ermöglichen. (Diesem Ausdruck liegt das technische Bild verschiedener Kanäle der Kommunikation zugrunde. Die an das Kommunikationsnetz Angeschlossenen schalten einen bestimmten Kanal ein und wählen damit ihr Programm.) Auf das pastorale Angebot der Gemeinde übertragen, bedeutet das, neben der Familienmesse soll es unter Umständen auch den Altengottesdienst geben. Vor allem gilt es, verschiedenen glaubenden Gemeinschaften in der Gemeinde Raum zu gewähren, die es einzelnen ermöglicht, ihren Glauben zu leben. Insoweit das Mitleben in der Gruppe das Christsein des einzelnen trägt und stützt, dienen solche Gemeinschaften zugleich dem Aufbau der Kirche in der Gemeinde in Glaube und brüderlicher Liebe.[7]

„Geistliche Fruchtbarkeit ist nicht herstellbar."[8] Wo eine Gemeinde im Sinne der in den folgenden Kapiteln aufgezeigten Gesichtspunkte Ausstrahlungskraft besitzt, wird sie Menschen zu begeistern vermögen. Insofern brauchen die Gemeinden von morgen viele Formen und Wege, um sauerteigartig wirken zu können. „Räume" im geistigen Sinn, in denen sich das vielgestaltige Leben ereignen kann. Solche *lebendige Räume* sind wichtiger als große Zentren und Säle, die nur ganz selten gefüllt werden und sonst leer bleiben.

Eine Gemeinde, die ihren eigenen Weg zur Verwirklichung des Glaubens nicht verabsolutiert, wird offen genug sein, auf Vorschläge einzugehen, Neues in der Gemeinde zuzulassen.

3. Chancen und Grenzen der „Ortsgemeinde"

a) Eine notwendige Erläuterung und Abgrenzung der Begriffe

In den bisherigen Ausführungen des Buches wurde bewußt nicht zwischen den Begriffen „Gemeinde", „Pfarrei" bzw. „Pfarrgemeinde" unterschieden. Die Begriffe sind – wenigstens für den Kenner und Fachmann – keineswegs *identisch* und auch gar nicht *eindeutig*, wie die folgende Begriffsabgrenzung zeigen wird. Die Gemeinsame Synode der Bistümer in der Bundesrepublik Deutschland vermochte zwar die „Unschärfe" und die weithin verbreitete „babylonische Sprachverwirrung der heutigen theologischen Diskussion zum Gemeindebegriff" nicht völlig zu klären. Dennoch versuchte sie in den beiden Beschlüssen „Pastoralstrukturen" und „Dienste und Ämter", die Verwendung der Begriffe zu präzisieren.[9] Mit Bedacht hält die Synode am Prinzip der territorialen Gliederung in Pfarreien fest und spricht grundsätzlich von der „Pfarrgemeinde". Dadurch soll vermieden werden, „daß der Pfarrei als einer rechtlichen Institution der Gemeindecharakter abgesprochen wird".[10]

Die Synodendefinition der Pfarrgemeinde

Im Beschluß „Pastoralstrukturen" umschreibt die Synode *Pfarrgemeinde* als „die unterste rechtliche selbständige pastorale

Einheit innerhalb des Bistums. In ihr soll die Kirche als Einheit des Gottesvolkes in überschaubarem Lebensraum am Ort sichtbar und erfahrbar werden ... Aufgabe der Pfarrgemeinde ist es, aus dem Geist des Evangeliums die Grunddienste der Kirche in Verkündigung des Wortes und im Glaubenszeugnis, in Gottesdienst und Vollzug der Sakramente sowie in der Diakonie für den einzelnen und für die Gesellschaft zu leisten."[11]

Die Synodendefinition legt den ursprünglichen Wortsinn der griechischen Ausdrücke „Paroikia" (= „Anrainer-", „Nachbarschaft") bzw. „paroikein" („Anwohner sein") mit der *territorialen* Bedeutung des lateinischen Begriffs „parochia" (= „Pfarrei") zugrunde. Damit folgt die Definition der in der kirchlichen Praxis seit früher Zeit vorhandenen Auffassung, wonach die räumliche Umschreibung der Pfarrei etwas über ihr inneres Wesen aussagt: „Der Lebensraum der Menschen ist auch der Handlungsraum der Kirche."[12] Als „unterste rechtlich selbständige pastorale Einheit" schafft die Pfarrgemeinde die Voraussetzungen, daß das Angebot des Heiles in einem klar umgrenzten Gebiet alle dort Wohnenden erreichen kann. Somit bleibt die einzelne Pfarrgemeinde zunächst der zuständige Ort für die „primären pastoralen Aktivitäten".[13] Kardinal RATZINGER macht freilich darauf aufmerksam, daß aus der Sicht des Zweiten Vatikanischen Konzils Pfarrei nur in der Beziehung auf den Bischof und dessen „Ortskirche", als „Ort" und „Teil" der bischöflichen Ortskirche, gedeutet werden kann. Er fügt hinzu: „*Wie* dabei die einzelnen Orte und Personen erfaßt und in die lebendige Gemeinschaft des Glaubens hineingehalten werden, bleibt eine jeweils nach den bestehenden Möglichkeiten zu regelnde Frage."[14] Nach der Synodendefinition kommt die Pfarrei dieser Aufgabe nach durch die Verwirklichung der „Grunddienste der Kirche": Verkündigung, Gottesdienst und Diakonie.[15]

In dem momentan üblichen Sprachgebrauch wird anstelle von „Pfarrei" im Sinne der „Ortsgemeinde" häufig auch von „Territorialgemeinde" gesprochen.

Die Synodendefinition der Gemeinde

„Die Gemeinde ist an einem bestimmten Ort oder innerhalb eines bestimmten Personenkreises die durch Wort und Sakrament begründete, durch den Dienst des Amtes geeinte und geleitete, zur Verherrlichung Gottes und zum Dienst an den Menschen berufene Gemeinschaft derer, die in Einheit mit der Gesamtkirche an Jesus Christus glauben und das durch ihn geschenkte Heil bezeugen. Durch die eine Taufe (vgl. 1 Kor 12, 13) und durch die gemeinsame Teilhabe an dem einen Tisch des Herrn (vgl. 1 Kor 10, 16f.) ist sie ein Leib in Jesus Christus.

Im allerweitesten Sinn verwirklicht sich Gemeinde Christi überall, wo zwei oder drei im Namen Jesu beisammen sind (vgl. Mt 18, 20). Die wichtigste Zelle der Gemeinde sind die christlichen Ehen und Familien, die das Zweite Vatikanische Konzil ausdrücklich als Hauskirche bezeichnet (vgl. Kirchenkonstitution 11). Dem Aufbruch und dem Wachstum der lebendigen Gemeinde dienen aber auch vielerlei Gruppen, Kreise, Hausgemeinschaften, Basisgemeinschaften, geistliche Gemeinschaften am Ort sowie andere kirchliche Vereinigungen und Verbände. Sie sind von der Gemeinde im eigentlichen Sinn des Wortes zu unterscheiden. Sie helfen jedoch zur Einwurzelung und Beheimatung des einzelnen in der Gemeinde und in der Kirche. Deshalb kommt ihnen gerade heute eine wichtige Funktion zu.“[16]

Im Sinne einer Erläuterung dieser Definition führt die Würzburger Synode zum „gemeinsamen Dienst der Gemeinde“ aus: „Wesen und Bedeutung der Gemeinde sowie deren verschiedene Verwirklichungsformen wurden in den letzten Jahrzehnten lebhaft erörtert“, wobei „einige Grundlinien deutlich“ werden.[17] „Schon bisher gab es neben den territorial gegliederten Gemeinden Personalgemeinden (Ausländer-, Hochschul-, Standortgemeinden u. a.). Sie werden für Gemeinschaften von Christen in besonderen Lebenssituationen, gemeinsamen Aufgaben u. ä. kirchlich errichtet ... Sie können eine wertvolle Ergänzung der Ortsgemeinden sein, müssen ihnen aber zugeordnet bleiben. Seit einiger Zeit gibt es überdies Versuche mit ‚Basisgemeinden‘, ‚integrierten‘ und ‚offenen‘ Gemeinden.“[18]

Es ist an dieser Stelle unmöglich, alle diese verschiedenen Gemeindetypen zu beschreiben und in ihrer theologischen wie pastoralen Problematik zu beurteilen.[19] Die folgenden Kapitel und Abschnitte dieses Buches wollen ein Beitrag zur Klärung offener Fragen sein. An dieser Stelle soll lediglich auf einige Grundelemente der Definition eingegangen werden.

1. „Der *Grund* einer Gemeinde besteht in Wort und Sakrament, besonders in der gemeinsamen Feier der Eucharistie als dem Sakrament der Einheit ...

2. Das *Ziel* einer Gemeinde ist sowohl die Verherrlichung Gottes wie der Dienst an den Menschen. Zur christlichen Gemeinde gehört deshalb die Spannung zwischen Sammlung und Sendung, Aktion und Kontemplation, Offenheit und Eindeutigkeit . . .
3. Das *Leben* einer Gemeinde vollzieht sich in der Einheit und Vielfalt aller Charismen, Dienste und Ämter . . ."[20]
4. Zu den „*Dimensionen* einer Gemeinde" gehört einerseits ihre „wesensmäßige Einbindung in die Diözese und in die Universalkirche"; andererseits sind „ ‚*Substrukturen*' in verschiedenen Gruppen, Kreisen, Hausgemeinschaften, Basisgemeinschaften, geistlichen Gemeinschaften sowie anderen kirchlichen Vereinigungen und Verbänden" für die Gemeinde „lebensnotwendig".[21]

Die Synodendefinition von Substrukturen in den Pfarrgemeinden

„Zur unteren pastoralen Ebene gehören Pfarrgemeinden mit ihren Untergliederungen (und Pfarrverbände). Ihre Grenzen sollen sich nach Möglichkeit mit denen eines Verflechtungsnahbereichs decken . . . Größere Pfarrgemeinden sollen in Pfarrbezirke untergliedert werden."[22]

Im Synodenbeschluß finden sich folgende nähere Erläuterungen der Substrukturen: „Die Untergliederung der Pfarrgemeinde ist heute notwendig, damit die Anonymität in ihr überwunden und der persönliche Kontakt mit anderen Gemeindemitgliedern möglich wird, aber auch um die verlorene Beziehung von Lebenskreis und Glaubensgemeinschaft wiederherzustellen. Andererseits werden bereits im Verflechtungsnahbereich speziellere Angebote erwartet, z. B. in der Jugendarbeit, der Erwachsenenbildung und für bestimmte Zielgruppen . . .

Die Gliederung der Pfarrgemeinde in Pfarrbezirke knüpft an örtliche Gegebenheiten, etwa Siedlungsbezirke, Wohnviertel und Wohnblocks an. Sie schafft organisch zusammengehörige Einheiten, in denen die Glieder der Pfarrgemeinde die persönliche Begegnung fördern und sich bemühen, ihr Leben menschlich zu gestalten und sich gegenseitig im Glauben zu stützen. Die Untergliederung der Pfarrgemeinde darf nicht zu einer Isolierung ihrer Teile führen. Vielmehr dienen die Gliederungen nur dann dem Aufbau des Ganzen, wenn zwischen ihnen und der gesamten Pfarrgemeinde ein Verhältnis wechselseitigen Austausches besteht.“[23]

In der Definition der Substrukturen wird gleichzeitig der Zusammenschluß mehrerer Pfarreien zu Pfarrverbänden erwähnt. Die Zeit einer autonomen Pastoral einzelner Gemeinden ist vorbei. „Austausch und gegenseitige Hilfe mehrerer benachbarter Pfarrgemeinden bei den zu bewältigenden Aufgaben schaffen ein neues Bewußtsein und eine neue Solidarität ...“[24]

b) Der Struktur- und Funktionswandel der Pfarrei

Ein geschichtlicher Rückblick

Aufschlußreich ist ein Rückblick auf die *geschichtliche Entwicklung* der Pfarrei.[25] Ihre „Urform“ im heutigen Sinn stellten jene Gemeinden der frühen Kirche dar, in denen ein Vorsteher wirkte, der nicht Bischof war. Jahrhundertelang bildeten im wesentlichen die Städte die Zentren der Pastoral. Von den Stadtkirchen aus wurde das umliegende Land der „Anrainer“ (= „Paroikoi“) evangelisiert. Dazu wurden von den Bischöfen vorwiegend Priester („Presbyter“) auf das Land geschickt.

So orientierte sich die Struktur der Pfarrei in der Geschichte der Seelsorge schon immer an den gesellschaftlichen Voraussetzungen und Bedingungen des Lebens der Christen. Mit der Einrichtung der „Pfarreien“ gingen die für die Pastoral Verantwortlichen den Menschen in ihre jeweilige Lebenswelt hinein nach. Die Einteilung der bischöflichen Ortskirche in „Pfarreien“ erfolgte Hand in Hand mit der Erschließung neuer Siedlungsräume, später auch mit der Entwicklung der Stadt. Damit trug ein stets ausgeweitetes Netz von Pfarreien den seelsorglichen Bedürfnissen Rechnung.

Freilich gab es durch das Pfründen- und Eigenkirchenwesen bereits seit dem Frühmittelalter Entwicklungen, die sich nachteilig auf die Seelsorge auswirkten. Ferner kündigte sich in den frühen Auseinandersetzungen der Pfarrseelsorger mit den Orden ein praktisches Problem an, das bis heute nicht an Gewicht verloren hat: die räumlich umschriebene Pfarrgemeinde als Ort der Verwirklichung der Gesamtkirche in Spannung zur persönlichen – häufig auch charismatisch ausgerichteten – Seelsorge.

Eine besondere Bedeutung erhielt die Pfarrei als Ausgangsort für die Bemühungen der Gegenreformation. Das Leitbild bildete der gute Hirte, der seine „Pfarrkinder" noch persönlich kennen konnte. Dieses Ideal wurde spätestens durch die Bevölkerungsexplosion der Städte im 19. und 20. Jahrhundert so total in Frage gestellt, daß Pastoralsoziologen und Theologen mit dem Ende der „Volkskirche" das nahende Ende der territorial umschriebenen Pfarrstruktur voraussahen und ankündigten.[26]

Dieser Prophezeiung lag die hoffnungslose Situation in europäischen Großstädten zugrunde. Noch „um die Wende zum 20. Jahrhundert gab es in Wien 9 Pfarreien mit 20.000 Seelen, 13 mit über 10.000; in München 12 mit über 20.000, 4 mit über 10.000; in Köln 2 mit über 20.000 und 13 mit über 10.000; in Brüssel 3 mit über 20.000, 22 mit über 10.000; in Paris 3 mit über 90.000, 14 mit über 50.000, 31 mit über 30.000, 14 mit über 20.000, 46 mit über 10.000; in Rom 27 mit über 10.000; in Mailand 2 mit über 40.000, 6 mit über 20.000, 11 mit über 10.000."[27] Daß die Seelsorger in solchen „Riesenpfarreien" nur noch „registrieren", „administrieren" und „zelebrieren" konnten, zeigt Heinrich SWOBODA in seinem Buch „Großstadtseelsorge"[28] auf, ein Werk, das den festen Willen zur Neubesinnung und Abhilfe erkennen ließ.

Die Territorialstruktur als notwendiger kirchlicher Grundraster

Zwar hält das „weltweite Unbehagen" an den Mängeln einer überforderten Pastoral in zu großen Pfarreien an[29], andererseits plädierte Ferdinand KLOSTERMANN, der verstorbene Wiener Pastoraltheologe, dafür, aus den bestehenden Pfarreien „lebendige Gemeinden" zu formen, „ohne das bestehende Pfarrsystem aufzulösen".[30] Nach KLOSTERMANN ist man „heute mehr denn je davon überzeugt, daß die territoriale Struktur unseres Pfarrnetzes weiterhin als kirchlicher Grundraster von Bedeutung sein wird, weil er zum mindesten eine lückenlose Pastoralverwaltung erlaubt. Doch auch von dieser mehr organisatorischen Funktion abgesehen, wird eine Territorialstruktur so lange pastorale Bedeutung haben, so lange Wohnen und Wohnort eine Rolle spielen. Hier verbringen zum mindesten die Kinder (und viele ihrer Mütter) sowie alte Menschen einen beachtlichen und wichtigen Teil ihres Lebens; hierher kehren aber auch die Berufstätigen immer wieder zurück, hier ist man ‚daheim'; hier bleibt der Intimbereich der Familie und des Privatlebens, hier wird Ehe gelebt, hier erfolgt zu einem beträchtlichen Teil die

Sozialisation der Kinder, auch die religiöse. Ja, man kommt immer mehr zur Überzeugung, daß sich das konkrete Pfarrnetz in den mitteleuropäischen Ländern im großen und ganzen bewährt hat, abgesehen von den Monsterpfarreien unserer Großstädte, die geteilt werden sollten, und von ganz wenigen Kleinstpfarreien auf dem Land, die sich nur noch als historische Relikte erhalten haben. Sonst sind unsere Pfarreien weithin gewachsene Einheiten, die man schon aufgrund der Entfernung voneinander oder aufgrund sozio-kultureller Gegebenheiten nicht straflos aufgeben darf, auch wenn sie vielleicht nicht allzu groß sind."[31]

Pastorale Chancen

In diesem Zusammenhang müßten die sich aus dem *Funktionswandel* der Pfarrei ergebenden pastoralen Chancen aufgezeigt werden. Sie sollen hier nur exemplarisch angedeutet werden (vgl. das dritte Kapitel).[32]

- Auch wenn sich viele *Lebenszusammenhänge* im Leben der Menschen in größere Räume verlagert haben und die Pfarrgemeinde längst nicht mehr die einzige Ebene ist, auf der sich das Leben abspielt, bleibt die „Wohnwelt" ein entscheidender Stützpunkt der Lebensbewältigung.
- Das zeigt sich gerade an den sogenannten *Lebenswenden:* bei der Geburt eines Kindes, beim Eheabschluß, im Krankheitsfall und beim Sterben. Diese Anlässe sind für viele Pfarrangehörige nach wie vor eine Gelegenheit, seelsorglichen „Beistand" in Anspruch zu nehmen. Die Betroffenen „halten Ausschau nach Menschen, die sich in ihre Situation einfühlen können, erwarten ein erlösendes, befreiendes Wort, die Deutung ihrer Situation. Die Seelsorge an den Lebenswenden ist nach wie vor eine Chance."[33]
- Eine Gemeinschaft von Glaubenden, die den Menschen Gottes Heilshandeln in bezug auf das *Leben* zu vermitteln vermag, kann gerade für Suchende ein wirklicher Anstoß zum Glauben sein.
- Wenn die Aufgabe der Pfarrei darin besteht, nicht nur einen gut funktionierenden pastoralen „Service" anzubieten, sondern die Botschaft Jesu in einer „Lebensgemeinschaft" vorzuleben, d. h. andere am gelebten Christsein teilhaben zu lassen,

bestimmt sich von daher auch die Aufgabe der Gemeindemitglieder als „Bezugspersonen".[34]

– „Glaube wird vor allem im menschlichen *Kontakt* erfahr- und erlernbar. Ein überzeugter Christ, der seinen Glauben in der Gemeinschaft des Glaubens lebt, ist das beste ‚personale Angebot' der Pfarrgemeinde an diejenigen, die glauben lernen wollen."[35]

c) *Pfarrgemeinde als Raum gelebten Glaubens*

An dieser Stelle erscheint es angebracht, dem Leser eine erste zusammenfassende Orientierung über die in der Praxis – vor allem aber auch bis in allerjüngste Veröffentlichungen – offen bleibende Verwendung der Begriffe „Pfarrei", „Gemeinde" bzw. die inzwischen von vielen fast selbstverständlich gebrauchte Wortverbindung „Pfarr-Gemeinde" zu bieten.[36] Dieser Ausdruck verbindet das im unverzichtbaren Auftrag der „Gemeinde" begründete *ekklesiologische* Element[37] mit der vorgegebenen *institutionellen* Dimension, die in der Bezeichnung „Pfarrei" deutlich wird, und der notwendigen Dimension des in *Gemeinschaft* gelebten Glaubens.

Kardinal RATZINGER hat vorgeschlagen, „*Gemeinde* als die konkrete jeweilige Beheimatungsform im Glauben zu definieren, die im günstigen Fall mit der *Parochie* (d. h. der Territorialgemeinde) zusammenfallen könnte, es aber keineswegs tun muß und es auch – leider – häufig nicht tun wird".[38] Die theologischen Hintergründe der Begriffsverwendung greift nochmals das zweite Kapitel auf.

Die bisherigen Überlegungen des Buches lassen sich an dieser Stelle so zusammenfassen: Es ist *die* Aufgabe der Pastoral, in den verschiedenen Formen von Pfarreien – den nach wie vor zu großen Pfarrgemeinden in der Stadt und den Pfarreien auf dem Land, die keinen eigenen Pfarrer mehr haben – „Gemeinden zu bilden, die kein beziehungsloses Nebeneinander einzelner Gläubiger darstellen. Gemeinden sollen nicht nur ‚Gottesdienstzusammenkünfte' sein, ... vielmehr *Lebensgemeinschaften* und *Lebensräume* ..., in denen der einzelne mit anderen zusammen seinen Glauben leben kann und in seinem Glaubensvollzug von den anderen getragen wird: von ihrer Zustimmung, von ihrer Hilfe und ihrem Rat. Damit ist nicht gemeint, daß alle Pfarrgemeinden ‚Intensivgemeinden' (oder wie man sie sonst nennen will) werden sollen ... In jeder Pfarrgemeinde müßte es diesen Kreis von Christen geben, der begriffen hat, was es heißt, ‚Gemeinde des Herrn‘ zu sein.“[39]

II. GEMEINDEN AUF DEM WEG

1. Seelsorger suchen mit der Gemeinde den Weg

Die Praxis in manchen Gemeinden läßt die Umrisse jener Gemeindekonzeption erkennbar werden, die von der Würzburger Synode so formuliert werden: „Aus einer Gemeinde, die sich pastoral versorgen läßt, muß eine Gemeinde werden, die ihr Leben im gemeinsamen Dienst aller und in unübertragbarer Eigenverantwortung jedes einzelnen gestaltet.“[40] Die Prozesse zur intensiveren „Gemeindebildung“ gingen in verschiedenen Gemeinden jeweils von den Pfarrern aus, die pastorale Akzente in Richtung der „mündigen Erwachsenengemeinde“ setzten.[41]

a) „Seelsorge“ als Zielpunkt des Pastoralprogramms

Entscheidende Schritte auf dem Weg zur Gemeindebildung wurden längst vor dem Zweiten Vatikanischen Konzil unternommen. Die Bemühungen sollen an zwei anschaulichen Beispielen verdeutlicht werden. Bereits 1931 versuchte Pfarrer Theo GUNKEL in *Leipzig-Lindenau* aus den Idealen des Neuen Testaments ein Gemeindeprogramm zu konzipieren. Er notierte dazu in sein Tagebuch: „In der Predigt zeigte ich aus dem Leben der Urkirche nach der Apostelgeschichte, was Gemeindeleben ist und worauf es wesentlich ankommt: ‚Brot brechen‘ und Gemeinschaft der Liebe. ‚Es war keiner unter ihnen, der Not litt!‘ Der Gottesdienst als gemeinsame lebendige Feier – und daraus die tatkräftige Gemeinschaft im Leben, das sind schließlich die beiden Zielpunkte, denen alles andere dienen muß!“[42]

40 Jahre hindurch hat Pfarrer GUNKEL die Lindenauer Gemeinde nach dem Leitwort geprägt: „Unsere Gemeinde ist ... die Kirche für diese Stadt und in unseren Tagen. Uns ist die Sache Christi anvertraut; wenn wir sie nicht als ... unsere Sorge auf uns nehmen, tut es hier niemand.“[43]

Ein zweites Beispiel stellen die pastoralen Bemühungen in *Wien* zur Zeit des Nationalsozialismus und unmittelbar nach dem Zweiten Weltkrieg dar, wie sie u. a. von Karl RUDOLF, dem Leiter des Wiener Seelsorgeinstituts, und nicht zuletzt auch von Karl RAHNER initiiert und begleitet wurden. RAHNER war während der Zeit seines Vorlesungsverbots in der Seelsorge in Wien tätig. Die Titel der Veröffentlichungen der beiden Autoren sind kennzeichnend. RUDOLF schrieb bzw. brachte in dieser Zeit u. a. folgende Veröffentlichungen heraus: „Lebendige Pfarrgemeinde" (Wien 1934), „Die Pfarre, Gestalt und Sendung" (Wien 1953). Karl RAHNER veröffentlichte 1948 erstmals seine „Friedlichen Erwägungen über das Pfarrprinzip", 1956 folgte sein Beitrag „Zur Theologie der Pfarre".

RAHNERs Ansatz einer Theologie der Pfarrei lautete schon damals: „Kirche als Ereignis ist notwendig Ortsgemeinde."[44] Die Kirche wird für den einzelnen „im vollsten Maße aktuelles Ereignis in raumzeitlicher Greifbarkeit, wenn sie als die Gemeinschaft der Heiligen, als Gesellschaft Ereignis wird". Denn „die Kirche ist in ihrem tiefsten Wesen das geschichtliche Anwesendbleiben des fleischgewordenen Wortes Gottes in der Welt. Darum ist auch die Kirche als Ereignis am greifbarsten und intensivsten dort gegeben, wo durch das in Vollmacht verkündete Wort der Konsekration Christus in seiner Gemeinde als der Gekreuzigte und Auferstandene heilspendend gegenwärtig ist."[45] Aus all dem folgert RAHNER: „Die Pfarre ist die primäre Verwirklichung der Kirche als Ereignis" – „die Pfarre ist primär Ortsgemeinde, weil sie allein ausschließlich vom Ortsprinzip lebt."[46] Die „Friedlichen Erwägungen über das Pfarrprinzip" von RAHNER zeigen, daß er die *Seelsorge* schon damals in der „lebendigen Zusammenordnung" der neu entstehenden „christlichen ‚Gemeinden' ", unter denen er vor allem „Personalgemeinden" verstand, mit der Pfarrgemeinde gewährleistet sah.[47]

Inzwischen fanden die Bemühungen von Seelsorgern um die Verlebendigung der Gemeinde in vielen Gemeinden Resonanz und lösten dort mannigfache Initiativen aus. Dadurch wird deutlich: „Gemeindebildung kann nicht – und darf vielleicht auch gar nicht – die herkömmliche Betreuungspastoral gänzlich ablösen; sie bildet vielmehr deren kritisches und wirksames Ferment."[48] Im Zusammenhang damit notiert der besonders in den fünfziger Jahren als Großstadtpfarrer in Frankfurt bekannt gewordene Alfons KIRCHGÄSSNER in seinen „Selbstkritischen Notizen eines Liturgen": Immer wieder „muß ich mir zugleich sagen, daß alle Erneuerungen von Minderheiten ausgegangen sind, daß die Masse nur schwer in Bewegung zu bringen ist... Was wir tun mit den Kreisen der Treuen und Begeisterten, ist vielleicht, hoffentlich, Vorbereitungszeit. Jedenfalls wäre es verkehrt, damit aufzuhören oder in der Anspannung nachzulassen, bloß weil die Erfolge nicht so sind, wie wir sie gern erleben möchten."[49]

b) Lernwege engagierter Gemeinden

Erstes Beispiel: Sankt Ludwig, Ibbenbüren

In dem Buch „Der rote Punkt" beschreibt Pfarrer HONSEL mit einer großen Zahl seiner Mitarbeiter den Weg, den die Gemeinde Sankt Ludwig in den Jahren 1967 bis 1982 zurückgelegt hat.[50] Das Bemerkenswerte an diesem Bericht ist, daß der Übergang von der „versorgten" zur selbstverantwortlichen, „mitsorgenden" Gemeinde in einer vorwiegend traditionell katholischen Gegend (zwischen Landwirtschaft und Bergbau) ohne Schwierigkeiten vor sich ging. HONSEL zeigt zugleich, wie mühsam und langsam manche Entwicklungen waren, damit die Gemeinde sie in ihrer Mehrheit innerlich mitvollziehen konnte.

In einem früheren Zeitschriftenbeitrag stellt HONSEL die Strategie des Weges zur offenen Gemeinde dar: „In unserer Gemeinde wie in verschiedenen Nachbargemeinden hat sich der Übergang von der Volkskirche zur offenen Gemeinde in einem jahrelangen Prozeß... vollzogen. Der Prozeß ist im vollen Gang. Immer mehr Menschen, Frauen und Männer, ältere und jüngere wie auch Kinder, machen mit und werden zu echten Mitarbeitern. Immer mehr erfahren und erkennen: Gemeinde, Kirche, das sind wir, und so übernehmen sie selbstverständlich und auch selbständig Verantwortung. Unter den verantwortlichen Mitarbeitern sind viele, die Jahre, ja Jahrzehnte distanziert waren – es sind auch evangelische Christen darunter. Wir entdecken und glauben immer mehr, daß in jeder Gemeinde alle Begabungen und Charismen vorhanden sind, um das Glaubensleben in der Gemeinde zu intensivieren und weiterzugeben. Entscheidend ist, daß diese Begabungen entdeckt, gefördert und in ihre volle Möglichkeit geführt werden."[51]

Natürlich läßt sich das, was in der Gemeinde Sankt Ludwig im Lauf von 15 Jahren gewachsen ist, nicht einfach auf andere Verhältnisse übertragen. „Lebendige Gemeinden zeichnen sich immer durch ein beträchtliches Maß an Originalität aus."[52] Allerdings bietet der Bericht über den Lernweg der Gemeinde genügend Impulse für einen eigenständigen Nachvollzug in der jeweiligen eigenen Gemeindesituation. Gerade weil das Buch aus der Gemeinde Sankt Ludwig auf Selbständigkeit, Eigeninitiative und Kreativität der einzelnen Mitarbeiter Wert legt, ermutigen die Berichte der Mitarbeiter über die besonderen Aktivitäten in der Gemeinde (u. a. aus dem Bereich der Jugend- und Altenarbeit, der Berufs- und Arbeitswelt, die Antwort der Gemeinde auf die weltweite Not, die verschiedenen Bemühungen auf dem Gebiet der Gemeindekatechese und die Feier des Gottesdienstes) zur Nachahmung.

In der Einführung zeigt Pfarrer HONSEL die größeren Zusammenhänge auf, in denen er und seine Mitarbeiter die Aufgaben der Gemeinden sehen: „In den zwanzig Jahren seit der Eröffnung des Konzils hat sich unsere Fragestellung erweitert. Die Kirche ist nicht mehr so sehr mit sich selbst beschäftigt, sie wendet sich stärker drängenden Problemen der Menschheit zu. Wir leben in einer Industriegesellschaft, doch die Grenzen des Wachstums werden sichtbar. Die Fragen der Arbeitswelt verlangen neue Antworten. Der Gefahr der Ausbeutung und der Zerstörung der Erde durch die Industrie und durch einen eventuellen Krieg muß begegnet werden. Die klassischen Aufgaben der Pastoral bekommen auf dem Hintergrund der heutigen Weltsituation immer konkreteren Bezug zum Dienst an der Welt."[53]

Das zentrale Thema der Gemeinde Sankt Ludwig lautet: „Den Mitmenschen annehmen, ihn zu Wort kommen lassen und ihn zum Wort ermutigen mitsamt seinen Schwierigkeiten und Vorschlägen."[54] Aufschlußreich ist, daß trotz der großen Bedeutung, die der Mitarbeit der Laien zukommt, die Rolle des Pfarrers „nicht künstlich heruntergespielt" wird: Der Gemeindeleiter „ist wichtig", doch die Gemeinde ist nicht gänzlich auf seine Person „fixiert".[55]

Zweites Beispiel: Die Pfarrgemeinde Schwechat

Das zentrale Anliegen von Pfarrer Helmut BLASCHE ist eine „mündigmachende Seelsorge". Nach seiner Auffassung ist Seelsorge nicht nur Aufgabe des Pfarrers, sondern der Gemeinde. ,,Alles im pfarrlichen Leben ist freilich nur möglich, soweit Gemeindemitglieder sich dafür zur Verfügung stellen ... Je mehr bereit sind, mitzumachen, desto mehr kann geschehen."[56] Notwendig dafür ist es, die Mitglieder der Pfarrgemeinde zu einer persönlichen Glaubensentscheidung zu befähigen. Eine solche Glaubensentscheidung ist jedoch nur dem Erwachsenen möglich. Der Aufbau der ,,Erwachsenengemeinde" hat darum Vorrang vor allen übrigen pastoralen Aufgaben.

BLASCHE schreibt in einem Bericht über das 1979 in Schwechat durchgeführte Gemeindeforum zum Thema: ,,Was sind die Kennzeichen und Aufgaben einer christlichen Gemeinde ...?" ,,Es war uns im Laufe der Jahre immer deutlicher bewußt geworden, daß eine eigentliche Erneuerung der Kirche wohl nur durch lebendige Gemeinden, also von der Basis her, zu bewerkstelligen ist ... Darum muß eines der wichtigsten Ziele aller Pastoral sein, die großen Pfarrgemeinden zu untergliedern und die Gottesdienstbesucher miteinander in Verbindung zu bringen. Denn wenn die Jünger Jesu an der Liebe, die sie miteinander verbindet, zu erkennen sein sollen, dann ist die Voraussetzung dafür, daß sie einander kennen und miteinander zu tun haben wollen ... Nur so ... wird die Kirche für die Außenstehenden wieder attraktiv werden. Dann aber, wenn sie so ,Gemeinde' geworden ist, darf sie das Licht, das Gott in ihr angezündet hat, nicht unter den Scheffel stellen. Denn wenn uns die Gemeinde, wie wir dankbar bekennen, geschenkt worden ist, dann haben wir sie nicht für uns bekommen, sondern als Zeichen des Heils für die andern."[57]

Aus solchen Überlegungen kam es in der Pfarrgemeinde Schwechat zur Bildung zweier ,,Intensivgemeinden". ,,Sie stehen allen offen, die ein intensiveres Gemeindeleben anstreben."[58]

Über sie schreibt BLASCHE: ,,Solche Gemeinden freilich lassen sich nicht einfach ,organisieren'. Eine Erneuerung der Kirche kann und wird immer nur das Werk des Heiligen Geistes sein. Er wirkt durch Menschen, die sich zur Verfügung stellen. Aus ihnen sammelt sich der auferstandene Christus immer wieder eine Gemeinde, die sein ,Leib' ist, durch die er sein Werk auf Erden fortsetzt. So ist es seit jenem Pfingsten damals in Jerusalem. Kirche kann man nicht ,machen' wie einen Verein, man kann sie nur ,empfangen vom Heiligen Geist'."[59]

Drittes Beispiel: Die Gemeinde Machstraße (Wien)

Als drittes Beispiel wird auf die im Jahre 1966 in einem Neubaugebiet im zweiten Wiener Gemeindebezirk gegründete Pfarrkirche Machstraße Bezug genommen. Im Zentrum der Überlegungen stand von Anfang an das Problem, wie die in der volkskirchlichen Struktur einer mehr oder weniger anonymen Großstadtgemeinde vorherrschende Passivität der Pfarrangehörigen überwunden werden kann. Hinter dem konkreten „Lernweg" der Pfarrgemeinde mit seinen einzelnen Schritten stand ein theologisch durchdachtes Konzept:[60] Die Gemeinde sollte aus einer anonymen Pfarrei zu einer „geschwisterlichen Gemeinschaft" umgestaltet werden.[61] Der entscheidende theologische Ausgangspunkt ist die Erfahrung der Liebe Gottes. Die Gemeinde ist der vorrangige Ort, an dem diese Liebe durch Menschen, die sich in personaler gläubiger Liebe aufeinander einlassen, erfahren werden kann.

In der Pfarrgemeinde Machstraße erfolgte „die Umstellung von der anonymen Betreuungskirche auf geschwisterliche, mündige Gemeinden" durch die Bildung von „zwei Teil- oder Basisgemeinden" von je etwa 90 bis 100 Erwachsenen, die diesen Weg gehen wollen.[62] In ihnen sollen „die erwachsenen Christen untereinander in persönlicher Beziehung stehen sowie füreinander und für die Verkündigung des Glaubens an ihre Kinder und Jugendlichen und an die Pfarrbewohner die Verantwortung übernehmen".[63]

Paul WESS, der verantwortliche Priester in der Gemeinde Machstraße, machte im Laufe der Entwicklung der Gemeinde wiederholt die Erfahrung, „daß eine gemeinsame geistige Basis aller Glieder der Gemeinde notwendig ist, wenn der Priester nicht mehr allein die letzte Verantwortung tragen soll, sondern alle miteinander die Entscheidungen treffen sollen".[64]

Im Sinne der theologischen Überlegungen des zweiten Kapitels dieses Buches ist die Feststellung von Paul WESS von Bedeutung: „... Nur wenn diese geistige Basis im wesentlichen mit der der Kirche übereinstimmt, kann eine solche mündige Gemeinde eine Gemeinde der Kirche Jesu Christi sein. Bis es soweit ist, braucht es mühevolle Lernprozesse. Dabei ist es die Aufgabe des Priesters, Verbindungsglied zwischen der Gesamtkirche und seiner Gemeinde zu sein, was auch zu schmerzlichen Spannungen führen kann. Er muß ja auch die aufbrechenden Fragen und für richtig gehaltenen Neuerungen gegenüber der Gesamtkirche vertreten, wobei diese als Gemeinschaft von Gemeinschaften verstanden wird."[65]

Die einzelne Gemeinde ist in dieser Sicht von Kirche „als Gemeinschaft untereinander geschwisterlich verbundener Christen notwendig, damit die christliche Brüderlichkeit konkret erfahren, eingeübt, gelebt und wirksam werden kann".[66]

Nach WESS geht es bei allen Bemühungen um die Entwicklung und das Wachsen der Gemeinde – vor allem im Sinne der gegenseitigen Durchdringung der beiden Teil- und Basisgemeinden mit der Pfarrgemeinde – „um eine ‚Radikalisierung' des Christentums im Geist der Bergpredigt".[67]

2. Aufbrüche in Gemeinden

Bei einer Durchsicht der auf dem Buchmarkt befindlichen Veröffentlichungen über „Gemeinden auf dem Weg" ist die inspirierende (und begleitende) Rolle der Priester und hauptamtlichen Mitarbeiter in den jeweiligen Gemeinden nicht zu übersehen.[68] So sehr einzelne und Gruppen als Subjekte des gemeindlichen Handelns die Verantwortung für das missionarische Zeugnis – u. a. auch für die Verwirklichung gesellschaftspolitischer Aktivitäten der Gemeinden – tragen, Zentrum des pastoralen Handelns ist nach wie vor der Pfarrer und in echter Mitverantwortung mit ihm (bzw. dem Leitungsteam) der Pfarrgemeinderat. Hier fallen die wichtigsten Entscheidungen über die Planung, die Übergabe bzw. Übernahme von Verantwortung. Hier werden die Schwerpunkte des pastoralen Programms gesetzt und Ergebnisse des kooperativen Handelns gesichtet und reflektiert. Um so erfreulicher ist die beachtliche Zahl von Gemeinden, die im Geist und im Licht des Evangeliums für sich entdeckt haben: „Wer mitmacht", erlebt und trägt Gemeinde.[69]

a) Mitverantwortung und Mitarbeit

In der Franziskus-Gemeinde in *Dortmund-Scharnhorst* entstanden aus der Erfahrung, „es gibt keine ‚Gemeinde' von 7000 ‚Seelen' ... Gemeinde läßt sich nur als strukturierte Gemeinde denken ... im Laufe der Zeit immer mehr Kreise, Clubs, Arbeits- und Lebensgemeinschaften; geschlossene, halboffene oder offene Runden". In ihnen kann Gemeinde erst „als erfahrbare Gemeinschaft erlebt werden; erst so ist wirkliche Identifikation für den einzelnen möglich. Ältere Menschen fühlen sich dann ganz ‚zu Hause', wenn sie die Schwellenangst überwunden und z. B. Zugang zum wöchentlichen Seniorenclub gefunden haben." Auch die Jugendlichen bekommen Zugang zum Gesamt der Gemeinde „nur über die Gruppe, den Club, wo sie ein Stück mitleben können".[70]

„Fast alle pastoralen Aktivitäten der Gemeinde werden von Gruppen getragen. Der einzelne ist in den meisten Fällen überfordert. Abgesehen davon verweist christlich orientiertes Denken und Handeln grundsätzlich auf den anderen. Pastorale Arbeit ist weniger Einzelkämpfertum als Mit-Arbeit." Sie „ist wichtiger als nur Mitgliedschaft, für den einzelnen wie für die Gesamtgemeinde. Auf diesem Wege läßt sich am besten eine Konsumentenhaltung überwinden". Im Einzelfall mußten die Seelsorger gegensteuern, „denn Mitarbeit darf nicht zur Eintrittskarte in die Gemeinde werden, so daß nur der einen legitimen Platz hat, der einen bestimmten Dienst übernimmt. Man muß kein schlechtes Gewissen haben, wenn man nicht kontinuierlich mitarbeiten kann oder (noch) nicht will. Aber – man ist eingeladen!"[74]

Wie lebendig eine Gemeinde ist, hängt demnach nicht allein vom Pfarrer und den Hauptamtlichen ab. In einem Pastoralkonzept wurde das so formuliert: „Es sollen immer mehr Laien für Dienste der Gemeinde ausgebildet und befähigt werden, da Arbeitskraft, Zeit und Fähigkeiten der hauptberuflichen Mitarbeiter durchaus begrenzte Größen sind. Die Laien mögen Verständnis haben, daß die Priester in den verschiedenen Gruppen nicht immer und überall anwesend sein können; sind doch alle Christen durch Taufe und Firmung verantwortlich für die Sendung der Kirche. Sie haben Anteil am allgemeinen Priestertum, somit Anteil an der priesterlichen Aufgabe ...

Dem Gemeindeleben dienen insbesondere Gruppen, die selbst Gemeinde erlebbar machen und missionarisch wirksam werden. Unbeschadet ihres Eigenlebens und Eigenzweckes müssen sich die Gruppen als Zellen der Gemeinschaft der gesamten Pfarrgemeinde verpflichtet wissen. Selbständige Verantwortlichkeit, Eigeninitiative und gegenseitiges Vertrauen sind die Vorbedingungen für den partnerschaftlichen Aufbau der Gemeinde und ein Zeichen mündigen Christentums."[72]

b) Die charismatische Gemeinde-Erneuerung

Aus der biblischen Grundlegung, nach der sich „Christus-Zugehörigkeit" und „Gemeinde-Zugehörigkeit" ursprünglich entsprechen, schöpft die „charismatische Gemeinde-Erneuerung" Impulse zu ihrem Beitrag zur Verlebendigung der Gemeinde.

Die Initiative dieser „Bewegung" hat sich zum Ziel gesetzt, jeder getaufte Erwachsene soll bewußt und persönlich entschieden jenen Weg nachgehen, „den er in seiner Jugend durch Katechese und Sakramente geführt worden ist".[73] In gewisser Weise muß jeder Christ einen solchen Weg gehen. Denn die Sakramente der Taufe und Firmung wirken nie automatisch. „Auch Geistesgaben werden dem Menschen von Gott nicht aufgezwungen, sondern sind freies Geschenk der Gnade Gottes, das der Mensch bewußt und frei an sich geschehen läßt."[74]

Durch den Schritt der Geist-Erneuerung, der normalerweise im Gottesdienst durch Gebet und Handauflegung geschieht, wird der Christ nicht Mitglied einer neuen geistlichen Gemeinschaft, einer Gruppierung oder Bewegung innerhalb der Kirche, sondern er soll innerhalb des ihm vorgegebenen Lebensraumes in der Gemeinde oder in einer Gemeinschaft intensiver seinen Glauben leben.

Die Benennung „Gemeinde-Erneuerung" will „von ihrem Ursprung her weder ein geistliches Erwählungsbewußtsein noch einen menschlichen Anspruch zum Ausdruck bringen. Oder etwas deutlicher gesagt: Diese Selbstbezeichnung bedeutet nicht, daß jetzt hier plötzlich Leute auftreten, unter Umständen mit einem Papier in der Hand, mit dem Anspruch, Gemeinde erneuern zu wollen."[75] Im Hintergrund des von dieser geistlichen Bewegung selbst geförderten Ausdrucks steht der Gedanke, daß alles geistliche Leben einer gewissen Struktur verpflichtet ist. Damit ist der innere Aufbau und die Organisation des gemeinsamen geistlichen Lebens gemeint. Die sich bildenden Gebetsgruppen und charismatischen Gruppen sind entweder Teil schon bestehender Gemeinden, oder sie entwickeln sich in Richtung einer neuen „Geistkirche". Dort, wo die geschenkte Geist-Erfahrung von den Mitgliedern der Bewegung als Befähigung zum Dienst an der Erneuerung der Kirche, der Gemeinde aufgefaßt wird, werden diese vielfach zu Keimzellen einer wirklichen Erneuerung der Gemeinde.[76]

III. GEMEINDE – BASIS DES CHRISTSEINS

1. „Gemeindekirche" oder „Volkskirche"

Die Suche nach einer erfahrbaren Gemeinschaft im Glauben schlägt sich immer deutlicher in der Erneuerung der Gemeinden nieder. Häufig wird diese Erneuerung nicht so sehr von der Leitung der Gemeinden, sondern „von unten" getragen.

a) Die gemeindekirchliche Konzeption

Die Diskussion um das theologische Konzept der Gemeindekirche, wie sie vor allem in den letzten zehn Jahren über das Ende der Volkskirche geführt wurde,[77] betonte den „Freiwilligkeits"- und „Überzeugungscharakter" der engagierten Gemeindemitglieder. Den Kristallisationspunkt bildet die „Versammlung" überzeugter Christen, die sich alle für die Gemeinde verantwortlich fühlen. Sie leben in der Gesellschaft als einzelne unter Andersgläubigen, Indifferenten und Ungläubigen. Durch das Hören des Wortes Gottes und die Feier der Eucharistie werden sie fähig, in der Welt Zeugnis abzulegen für die Wirklichkeit des Glaubens.

Die Kritik an dieser Konzeption setzt zunächst bei den Voraussetzungen an, wonach die *Volkskirche* zum Aussterben verurteilt sei. Alle jüngsten religionssoziologischen Untersuchungen bestätigen zwar eine zunehmende Entfremdung der Menschen vom Gemeindeleben: Mitfeier des Gottesdienstes, gemeindliches Engagement. Umgekehrt aber bestätigen die Erhebungen die Tendenz, daß selbst die in Distanz zur Kirche Lebenden die Beziehungen zur Kirche nicht völlig abbrechen. Gerade der Wunsch nach Seelsorge an den Lebenswenden bestätigt diese Tatsache.

Die zweite Voraussetzung der Konzeption einer Gemeindekirche, diese sei als „Entscheidungskirche" zwar nur eine „kleine Herde", aber zugleich offen und dialogbereit, wird von den Kritikern eine „Illusion" genannt. Eine solche Feststellung widerspreche allen Erfahrungen von „Minoritätsgruppen": „Je stärker der Außendruck, um so mehr wachsen die Abschirmungsbedürfnisse, um so mehr wachsen die Solidaritätsappelle,

d. h. um so höher wird in der Gruppe selbst der Konformitätsdruck, um so niedriger wird die Toleranzschwelle für unangepaßtes, d. h. weltoffenes Verhalten von Gruppenmitgliedern."[78]

Schließlich ist die dritte Voraussetzung fragwürdig: Nur wer mitmacht, gehört zur Gemeinde. Damit wird der Freiheitsspielraum in der Kirche unzulässig eingeengt. Es geht jene Pluralität verloren, die gerade von den Christen geschätzt wird, die sich „ihre" Gemeinde suchen.[79]

Soweit das „Modell" der Gemeindekirche das berechtigte Anliegen der Erneuerung vertritt, kann es wesentliche Impulse zur Verlebendigung verkrusteter Gemeindestrukturen beisteuern. Eine Kirche „im Volk und mit dem Volk"[80] fördert die Gemeindebildung in verstärktem Maß durch viele einzelne engagierte Gemeindemitglieder. Ziel der Verlebendigung der Gemeinde ist, möglichst vielen Christen in den Gemeinden bewußt zu machen, daß sie Volk Gottes und Kirche sind. Denn nicht die Gemeinde N. N. ist das Maß der Erneuerung, sondern Gottes Heilshandeln in Jesus Christus. In der Gemeinde geht es darum, die sich im Handeln Jesu, besonders im Gekreuzigten und Auferweckten, mitteilende Liebe Gottes zu empfangen und sich davon bestimmen zu lassen. Hier hat die Gemeinde ihre Wurzel und den Ursprung ihrer Sendung. Die Gemeinde wird gekennzeichnet vom Vorrang des Beschenktwerdens vor dem eigenen Leisten und Machen.

b) Ein Bischof: „Die Gemeinden – meine Hoffnung"

Von solchen Gemeinden „träumt" Kardinal Franz KÖNIG. Er schreibt unter der Überschrift: „Die Gemeinden sind meine Hoffnung":[81] „Die Gemeinden in meinem Traum sind Gemeinden, die ein Profil haben, Initiative ergreifen, einen Weg durch Zeit und Geschichte in eigener Verantwortung suchen und finden, auch dann noch, wenn das kirchliche Amt keine Rezepte liefern kann, die man nur buchstabengetreu ausführen müßte. Ich träume von Gemeinden mit einer gesellschaftskritischen Aktivität. Für diese Gemeinden sind diejenigen, die draußen sind, mit anderer Konfession, anderer Religion, nicht die bösen Heiden und die Feinde, sondern die Brüder und Schwestern, die noch nicht entdeckt haben, daß sie in Christus von der unbegreiflichen und siegreichen Liebe Gottes umfangen sind.

In meinen Träumen habe ich eigentlich *nicht* den Eindruck – wie so manche Pessimisten unserer Tage –, daß immer und überall alles nur durcheinander geht und alles viel schlechter geworden ist als in den ‚guten alten Zeiten'. Natürlich passiert in den Gemeinden auch Unfug, der nicht sein sollte und überwunden werden muß. Aber das vielfarbige Bild der Gemeinde meiner Träume beweist für mich zunächst einmal die Vielfalt der Gaben, die Gott dem Leibe Christi gegeben hat. Solche Vielfalt der Charismen kann von einzelnen gar nicht umfaßt werden und macht darum von außen oft den Eindruck des Wirrwarrs und des Streites. Nicht alle haben alle Gaben, nicht alle können alle Gaben verstehen und würdigen. Das macht aber gar nichts. In den Gemeinden meiner Träume ist es wie bei einem großen Orchester: nur Gott und der vertrauensvoll liebende Christ stehen an dem Punkt, an dem die Musik als eine wunderbare Symphonie gehört werden kann ...

Der Traum von der lebendigen Gemeinde wird von den Tagen der Apostel bis in unsere Zeit geträumt und zu verwirklichen versucht. Papst Paul VI. hat in seinem Apostolischen Schreiben ‚Evangelii nuntiandi' (Nr. 16) dies uns allen wieder deutlich vor Augen gestellt: ‚Die ganze Kirche ist Träger der Evangelisierung ...' Das bedeutet, daß die Kirche (und das sind wir doch alle!) sich für die ganze Welt und jenen Teil der Welt, wo sie sich befindet, an den Auftrag gebunden fühlt, das Evangelium zu verbreiten."[82]

2. Die Chancen basisgemeindlicher Modelle

a) Verschiedene Ansätze zur Verwirklichung

Mit unterschiedlichen Ansätzen werden auch im deutschsprachigen Raum Versuche unternommen, modellhaft praktizierte Formen gemeinsamen Lebens von Christen im Sinne der „Basisgemeinden" zu realisieren. Wie schillernd der Begriff und wie schwierig damit eine Zustandsbeschreibung ist, geht aus der von Bischof LEHMANN gebotenen Übersicht über die momentanen Tendenzen hervor:[83] „Auf der einen Seite werden territoriale Gemeinden mit neuen Strukturen als Basisgemeinden bezeichnet; dann erscheinen Gruppierungen, die grundsätzlich im

Gegensatz zu normalen Pfarreien oder auch zur ,Amtskirche' stehen, als Basisgemeinden; Bewegungen kritischer Gruppen, die sich z. T. radikal ökumenisch verstehen, wählen diese Bezeichnung; neue Formen von Lebensgemeinschaften sowohl bei Laien als auch bei Ordensleuten geben sich diesen Namen. Der Begriff hat aber vor allem eine authentische Heimat in den lateinamerikanischen Kirchen, wo ein echtes Bedürfnis nach solchen lebendigen Zellen inmitten riesiger Pfarreien besteht und wo die Basisgemeinden eine elementare Stütze in der oft leidvollen täglichen Erfahrung armer Christen geworden sind. Hier kann auch nicht prinzipiell von einer Opposition gegen die amtliche Kirche gesprochen werden. Hier leben offenbar ,klassische Basisgemeinden', während der europäische Sprachgebrauch von neuen Gemeindemodellen bis zu Protestbewegungen am Rande der Kirche reicht. So werden ,Spontangruppen' und informelle Bewegungen als Basisgemeinden bezeichnet. Immer wieder hat man Typologien kirchlicher Basisgemeinden aufgestellt, die jedoch in ihrer Abstraktheit für die Aufhellung des sehr vielschichtigen Phänomens nicht viel beitragen. Hinzu kommt eine Vermischung mit der oft wenig geklärten Kategorie ,Volk'/,Volkskirche'."

b) Zum gesamtkirchlichen Bezugsrahmen

Sowohl die Bezeichnung als auch die konkreten Erscheinungsformen kirchlicher Basisgemeinden sind „außerordentlich vielgestaltig".[84] Das geht vor allem aus gesamtkirchlichen Dokumenten hervor. So schrieb Papst Paul VI. in seinem Apostolischen Schreiben über „Die Evangelisierung in der Welt von heute" im Anschluß an die Beratungen der römischen Bischofssynode zum Komplex der „Basisgemeinschaften": „Den verschiedenen Äußerungen bei der Synode zufolge wachsen sie irgendwie überall in der Kirche. Doch bestehen zwischen den einzelnen Gemeinschaften große Unterschiede, nicht nur von Gebiet zu Gebiet, sondern sogar innerhalb desselben Gebietes. In manchen Gebieten entstehen und entfalten sie sich ausnahmslos innerhalb der Kirche, eng an ihrem Leben teilnehmend, gestärkt durch ihre Unterweisung und ihren Hirten verbunden. In diesen Fällen entstehen sie aus dem Bedürfnis heraus, das Leben der Kirche noch intensiver zu leben, oder aus dem Wunsch und dem Suchen nach einer persönlicheren Atmosphäre, die die großen

Gemeinden nur schwer bieten können, zumal in den heutigen Großstädten mit ihrer steigenden Tendenz zu einem anonymen Leben in der Masse. Ansetzend bei einer kleinen soziologischen Gemeinschaft, einem Dorf oder etwas anderem, können sie je nach ihrer Art ganz einfach weiterbauen auf der geistigen und religiösen Ebene – Liturgie, Vertiefung des Glaubens, brüderlicher Liebe, Gebet, Verbindung mit den Seelsorgern. Oder sie wollen, um das Wort Gottes zu hören und zu meditieren, die Sakramente zu empfangen oder die Agape zu feiern, Gruppen versammeln, die nach Alter, Bildung, Stand oder sozialer Lage in sich einheitlich sind, etwa Ehepaare, Jugendliche, bestimmte Berufsgruppen usw., oder Menschen, die im Leben ohnehin schon einander verbunden sind im Kampf für die Gerechtigkeit, in der brüderlichen Hilfe für die Armen, in der Förderung des Menschen. Oder sie versammeln die Gläubigen dort, wo der Mangel an Priestern ein normales Gemeindeleben nicht zuläßt. Alles dies gilt für die kleinen Gemeinschaften innerhalb der Kirche, vor allem der Ortskirchen und Pfarreien.

In anderen Gebieten hingegen bilden sich Basisgemeinschaften in einem Geist scharfer Kritik an der Kirche, die sie gern als ‚institutionell' brandmarken; im Gegensatz zu ihr wollen sie charismatische Gemeinschaften sein, frei von Strukturen und nur vom Evangelium her lebend. Bezeichnend für sie ist also eine offenkundige Haltung der Kritik und Ablehnung gegenüber kirchlichen Formen, ihrer Hierarchie und ihrer Zeichen. Sie stellen diese Kirche radikal in Frage. In diesem Zusammenhang wird das sie tragende Gedankengut sehr schnell zu einer Ideologie, und es ist höchst selten, daß sie nicht schon bald Opfer einer politischen Richtung, einer bestimmten Strömung, eines Systems oder gar einer Partei werden, mit dem ganzen damit verbundenen Risiko, deren Instrument zu werden."[85]

Es wäre kurzsichtig, bei einem Überblick über die momentan unklare Situation die Schwierigkeiten nicht in Rechnung zu stellen, die sich bei der Verwirklichung basisgemeindlicher Versuche – vor allem auch in der deutschsprachigen Pastoral – ergeben. Eine notwendige Voraussetzung für eine positive Entwicklung, bei der sich sowohl die herkömmliche Pfarrei als auch die „Realutopie Basisgemeinde" begegnen können, ist nach Karl LEHMANN „ein Raum, der weder durch die Uniformität eines überall selben Kollektivs noch durch den Partikularismus extremer Sondergruppen bestimmt wird".[86]

IV. WIE WOLLTE JESUS GEMEINDE?

Im Versuch einer Bestandsaufnahme momentaner Positionen in den verschiedenen Verwirklichungsformen von Gemeinde finden sich verschiedene Akzente: u. a. missionarische Offenheit – soziales und gesellschaftspolitisches Engagement – spirituelle Innerlichkeit – „Kirche für die andern“ – „Gemeindearbeit als Gemeinwesenarbeit“. In Pfarrgemeinden, die den Schritt von der versorgten zur mitsorgenden Gemeinde vollzogen haben, ist das Bewußtsein dafür gewachsen, daß es nicht genügt, Gottesdienste, Sakramente, verschiedene Formen der Verkündigung anzubieten, damit sich die Menschen mit der Kirche identifizieren können. Da gibt es – vor allem junge – Menschen, die zu Katholikentagen und nach Taizé fahren, um in der kleinen Gruppe Kirche zu erleben und gleichzeitig die Erfahrung der größeren intensiven Glaubensgemeinschaft zu machen.

Mancher Pfarrer oder Pfarrgemeinderat wird einwenden: „Wir versuchen doch alles. Wir haben vielerlei Gruppen und Kreise! Warum kommen die Menschen nicht?“ Vielleicht werden die Ziele dieser Gruppen und Kreise zu wenig mit den wirklichen Bedürfnissen der Menschen abgestimmt. Auch Praktiker laufen Gefahr, den Ist-Stand gering zu schätzen und auf ihren Wünschen zu bestehen, wobei ihnen die „Endverbraucher“ häufig nicht folgen.

Da ist ein Jugendlicher „in einer Gemeinde aufgewachsen, die sehr bald einen jüngeren Pfarrer bekommen hat. Dieser versuchte, sich besonders um die Jugendarbeit zu kümmern. Er war bis zu seinem Abitur in dieser Gemeinde aktiv. Dann hat er aufgehört, sich zu engagieren. Diese Welt war ihm irgendwie zu engherzig, zu klein. Zudem hatte er nicht den Eindruck von einer Gemeinde, sondern mehr von einer kleineren Gemeinschaft. Es war nur ein ganz kleiner Kreis tatsächlich aktiv; diese Leute waren dann immer überall zu sehen.“[87]

Zeigen sich in der Erfahrung dieses Jugendlichen nicht deutlich die Probleme einer Gemeinde? Der Kreis der aktiven Leute ist zu eng, der Rahmen zu kleinbürgerlich. Der Jugendliche hat sich einen weiteren Rahmen gewünscht und ist deshalb weggegangen, weil er ihn nicht gefunden hat. Er hat in der Gemeinde ein Abbild dessen erlebt, was er auch zu Hause erlebt. Er aber hatte in der Gemeinde eine alternative Lebensform gesucht.[88]

Wenn man die Wunschvorstellung des Jugendlichen mit manchen Gemeindekonzepten vergleicht, wird zwar die Sehnsucht nach Gleichgesinnten deutlich: Er sucht aber auch Gemeinschaft mit Freunden. Er sagt: ,,Die Menschen sollen in ihr (der Gemeinde) das Wichtigste sein, die Freunde, mit denen mich die gleichen Sehnsüchte und Träume verbinden. Jeder soll aber auch seine Eigenart einbringen und leben können. Ich wünsche mir ein großes Haus, wo ich mit meinen Freunden leben, essen und arbeiten kann. Neben solchen Gleichgesinnten suche ich auch die Gemeinschaft mit Leuten, die mir fremd sind, mit denen das Zusammenleben schwieriger ist – bis hin zu Alkoholikern und Drogenabhängigen. Auch ältere Menschen, vielleicht auch die Eltern, sollen dabei sein. All diese verschiedenen Leute zu einer Gemeinschaft zusammenzuführen, wäre eigentlich die Würze des ganzen Wagnisses."[89]

Wie kann eine solche Gemeinde heute entstehen, in der Jesus Christus selbst die Mitte ist, eine Gemeinde, die sich den Problemen der Welt und der Gesellschaft nicht verschließt?

Es gibt jene biblische Tradition: über die Urgemeinde, die paulinischen Gemeinden zu den Verwirklichungsformen von Jüngergemeinden und ,,geschwisterlichen Gemeinden" (vgl. Mt 23, 8f.), die versuchen, im Sinne der Evangelien die ,,Gemeinschaftsdimension des Gottesreiches darzustellen und zu leben",[90] bis zu den Ortsgemeinden des neutestamentlichen Briefcorpus. Die neutestamentlichen Leitbilder lassen deutlich werden, wie sehr die Sozialformen der Gemeindebildung von den jeweiligen gesellschaftlichen Bedingungen geprägt sind.[91] Dabei ist in den Gemeinden stets das Bewußtsein von der besonderen Sendung zu den ,,Bedrängten", ,,Hungernden", ,,Gefangenen" und ,,Kleinmütigen" wach; damit der Gedanke der ,,Kirche für die Mühseligen", für das Volk.

Wie die konkreten Erscheinungsformen im Leben unserer Gemeinden mit den Zielvorstellungen des Neuen Testaments in Einklang zu bringen sind, versucht u. a. Gerhard LOHFINK in seinem programmatischen Buch ,,Wie hat Jesus Gemeinde gewollt?" (Freiburg – Basel – Wien 1982) aufzuzeigen. LOHFINK geht von der Grundthese aus, daß sich die Botschaft Jesu weder an die ganze Welt noch an den isolierten einzelnen, sondern besonders an die Kirche richte. Kirche wird verstanden als ,,Kontrastgesellschaft Gottes", die durch ihr christliches Ethos in alle Lebensbereiche der sie umgebenden Gesellschaft hineinwirkt.

Deshalb können und müssen die Forderungen Jesu vor allem im Raum der Gemeinde verwirklicht werden.[92]

Wie entspricht diese Vorstellung von der sich gegenüber der Welt und der Gesellschaft als „Kontrast" abhebenden Kirche und Gemeinde den anderen biblischen Bildern vom „Sauerteig" (Mt 13, 33), „Salz" (Mt 5, 13) und „Licht" für die Welt (Mt 5, 14)? Diesen Zielvorstellungen des Matthäusevangeliums liegt der Gedanke zugrunde, daß die Christengemeinde durch die alles durchdringende Kraft des Evangeliums „Ferment" für die Welt sein soll.

Damit stehen wir vor der Frage, wie Gott seine Kirche, seine Gemeinde, sein Volk haben möchte, so daß sie den Heilsauftrag für alle Völker erfüllen kann.

Anmerkungen zum ersten Kapitel

1 Vgl. WEBER, Johann: Seelsorge in unserer Zeit. In: Priester – Mitarbeiter Christi. Studientagung der Österreichischen Bischofskonferenz 1982, hrsg. vom Kirchlichen Institut Canisius-Werk. St. Pölten o. J. [1983], 65.

2 Vgl. „für euch und für alle". Brief des Bischofs von Limburg zur Fastenzeit 1981 an die Gemeinden des Bistums, besonders an ihre Fernstehenden. Limburg 1981, 54 f.

3 BETZ, Otto: Auf der Suche nach einer neuen Gemeinde. In: Ders. (Hrsg.): Gemeinde von morgen. (Pfeiffer-Werkbücher 75) München 1969, 7 f.

4 RATZINGER, Joseph: Theologische Prinzipienlehre. Bausteine zur Fundamentaltheologie. München 1982, 313.

5 FINKENZELLER, Josef: Von der Botschaft Jesu zur Kirche Christi. Fragen – Zweifel – Probleme – Antworten. München 1974, 9.

6 Vgl. das durchgehende Anliegen in MÜLLER, Josef: Lebensräume des Glaubens. Wege zur Verwirklichung der Kirche in Gruppe und Gemeinde. München 1981.

7 Ebd. 43.

8 RATZINGER: A. a. O.

9 Vgl. zum Ganzen den Beschluß „Pastoralstrukturen". In: Gemeinsame Synode der Bistümer in der Bundesrepublik Deutschland. Beschlüsse der Vollversammlung. Offizielle Gesamtausgabe I. 4. Aufl. Freiburg – Basel – Wien 1976, 688–709 u. den Beschluß „Dienste und Ämter". In: Ebd. 597–636.

10 Vgl. BOONEN, Philipp: Einleitung zur Rahmenordnung für die pastoralen Strukturen und für die Leitung und Verwaltung der Bistümer in der Bundesrepublik Deutschland. In: Gemeinsame Synode, 683.

11 Beschluß „Pastoralstrukturen". In: Ebd. 694.

12 BOONEN: A. a. O. 682.

13 Ebd. 684.

14 RATZINGER: Theologische Prinzipienlehre, 312.

15 Ebd.

[16] Beschluß „Dienste und Ämter". In: Gemeinsame Synode, 605.
[17] Ebd. 604 f.
[18] Ebd. 605.
[19] Vgl. ebd.
[20] KASPER, Walter: Einleitung zu „Die pastoralen Dienste in der Gemeinde". In: Gemeinsame Synode, 586.
[21] Ebd.
[22] Beschluß „Pastoralstrukturen". In: Ebd. 693 f.
[23] Ebd.
[24] BOONEN, Philipp: Einordnung zur Rahmenordnung für die pastoralen Strukturen. A. a. O. 684 f.
[25] Zur Geschichte der Pfarrei und der pfarrlichen Seelsorge vgl. PFLIEGLER, Michael: Pastoraltheologie. Wien – Freiburg – Basel 1962, 69–95.
[26] Hans SCHILLING bringt in seinen „Kritischen Thesen zur ‚Gemeindekirche' " in: Diakonia 6 (1975) 78–99, hier 78, eine Übersicht über entsprechend einschlägige Veröffentlichungen.
[27] PFLIEGLER: A. a. O. 91.
[28] In 2. Auflage 1911 in Regensburg erschienen.
[29] Vgl. KLOSTERMANN, Ferdinand: Gemeindemodelle und ihr legitimer Ort. In: Diakonia 12 (1981) 6.
[30] Vgl. die redaktionelle Vorbemerkung zu dem in Anm. 29 genannten Artikel von KLOSTERMANN, ebd. 5.
[31] KLOSTERMANN: Gemeindemodelle, 6.
[32] Vgl. dazu besonders auch MÜLLER: Lebensräume, bes. 26–38 und 54–60.
[33] Ebd. 30.
[34] Ebd. 28 f.
[35] Ebd. 29.
[36] So gibt Paul M. ZULEHNER seinem jüngsten Buch „Priestermangel praktisch" den Untertitel „Von der versorgten zur sorgenden Pfarrgemeinde" (München 1983). Er greift damit die bereits 1979 von Ferdinand KLOSTERMANN gestellte Frage auf „Wie wird unsere Pfarrei eine Gemeinde?" (Wien – Freiburg – Basel 1979). Auch der von Norbert METTE herausgegebene Band „Wie wir Gemeinde wurden. Lernerfahrungen und Erneuerungsprozesse in der Volkskirche" (München/Mainz 1982) enthält eine Reihe von Beiträgen, denen Erfahrungsberichte von Pfarreien zugrunde liegen, die bewußt Akzente in Richtung „Gemeindebildung" setzen. Einen Bericht über den Weg einer Pfarrgemeinde in diese Richtung enthält das Buch von Bernhard HONSEL: „Der rote Punkt. Eine Gemeinde unterwegs" (Düsseldorf 1983).

Mit den grundsätzlichen pastoraltheologischen Fragestellungen, die sich aus der begrifflichen Unterscheidung „Pfarrei–Gemeinde" ergeben, beschäftigt sich Norbert METTE in seinem Beitrag: Gemeinde – wozu? Zielvorstellungen im Widerstreit. In: Norbert GREINACHER u. Norbert METTE u. Wilhelm MÖHLER (Hrsg.): Gemeindepraxis. Analysen und Aufgaben. (Praxis der Kirche Nr. 30) München/Mainz 1979, 91–107.
[37] Vgl. unten S. 63–85.
[38] RATZINGER, Joseph: Theologische Prinzipienlehre, 312 (Hervorhebungen und Ergänzungen vom Verf.).
[39] MÜLLER: Lebensräume, 27.
[40] Beschluß „Dienste und Ämter". In: Gemeinsame Synode, 602.

[41] Aus der Zeit vor dem Zweiten Vatikanischen Konzil und unmittelbar danach wären u. a. die Namen folgender *Pfarrer* zu nennen, die in dieser Zeit als Großstadtseelsorger wirkten: Theodor BLIEWEIS, Theo GUNKEL, Alfons KIRCHGÄSSNER, Karl SONNENSCHEIN, Eugen WALTER.

Aus jüngster Zeit haben die Initiativen von Pfarrern u. a. in folgenden Veröffentlichungen auch literarischen Niederschlag gefunden: BLASCHE, Helmut: Eine Pfarre stellt sich vor... Bilder aus dem Leben der Pfarrgemeinde Schwechat. Schwechat (o. J.); HONSEL, Bernhard: Der rote Punkt. Eine Gemeinde unterwegs. Düsseldorf 1983; SCHULZ, Heinz-Manfred: Damit Kirche lebt. Eine Pfarrei wird zur Gemeinde. 3. Aufl. Mainz 1982; Ders.: Ein Jahr in Gottes Werkstatt. Eine Gemeinde macht neue Erfahrungen. Mainz 1978; Ders.: Gemeinde wird Subjekt ihrer Geschichte. In: Norbert METTE (Hrsg.): Wie wir Gemeinde wurden, 26–34; WESS, Paul: Gemeindekirche – Zukunft der Volkskirche. Der Lernweg einer Pfarrgemeinde. Wien – Freiburg – Basel 1976; Ders.: Ihr alle seid Geschwister. Gemeinde und Priester. Mainz 1983; Ders.: Theologie in der Gemeinde. In: Norbert METTE (Hrsg.): Wie wir Gemeinde wurden, 47–53; WESSEL, Werenfried u. Reinhard KELLERHOFF: Faszination Gemeinde. Erfahrung, Besinnung, neue Impulse. Freiburg – Basel – Wien 1979; Ders.: Gemeinde heißt Kontakt. In: Norbert METTE: A. a. O. 35–46.

[42] GUNKEL, Theo: Tagebucheintragung vom 1. Nov. 1931, zit. nach Josef GÜLDEN: Wovon wir Menschen leben. Freiburg – Basel – Wien 1982, 159 f.

[43] Ders.: Tagebucheintragung (o. D.): zit. nach GÜLDEN: A. a. O. 163.

[44] RAHNER, Karl: Zur Theologie der Pfarre. In: Hugo RAHNER (Hrsg.): Die Pfarre. Freiburg i. Br. 1956, 29.

[45] Ebd. 31.

[46] Ebd. 36f., vgl. zum Vorangehenden auch PFLIEGLER, Michael: Pastoraltheologie, 122f.

[47] Vgl. RAHNER, Karl: Friedliche Erwägungen über das Pfarrprinzip. In: Schriften zur Theologie. Bd. II. Einsiedeln – Zürich – Köln 1962, 299–337, hier 316.

[48] METTE, Norbert (Hrsg.): Wie wir Gemeinde wurden, 12.

[49] KIRCHGÄSSNER, Alfons: Selbstkritische Notizen eines Liturgen. In: Ders. (Hrsg.): Unser Gottesdienst. Freiburg – Basel – Wien 1960, 81.

[50] HONSEL, Bernhard: Der rote Punkt. Eine Gemeinde unterwegs. Düsseldorf 1983.

[51] Ders.: Für eine Strategie der offenen Gemeinde. In: Diakonia 6 (1975) 197.

[52] EXELER, Adolf: Eine Gemeinde. Zum Beispiel: Sankt Ludwig, Ibbenbüren. In: Christ in der Gegenwart 35 (1983) 262.

[53] HONSEL: Der rote Punkt, 12.

[54] EXELER: A. a. O.

[55] Ebd.

[56] BLASCHE, Helmut: Eine Pfarre stellt sich vor... Schwechat (o. J.), 8.

[57] Ders.: Gemeindeforum. In: Diakonia 11 (1980), 401f. und 403f.

[58] Ders.: Eine Pfarre stellt sich vor, 20.

[59] Ders.: Gemeindeforum, 402.

[60] Vgl. WESS, Paul: Gemeindekirche – Zukunft der Volkskirche. Der Lernweg einer Pfarrgemeinde. Wien – Freiburg – Basel 1976; Ders.: Theologie in der Gemeinde. In: Norbert METTE (Hrsg.): Wie wir Gemeinde wurden. 47–53.

[61] Vgl. das Anliegen in der jüngsten Publikation von Paul WESS: Ihr alle seid Geschwister. Gemeinde und Priester. Mainz 1983.

[62] Vgl. WESS, Theologie in der Gemeinde, 48.
[63] Ebd.
[64] Ebd. 49.
[65] Ebd.
[66] WESS, Paul: Zur Frage der Notwendigkeit und Größe einer geschwisterlichen Gemeinde. In: Diakonia 12 (1981), 423.
[67] Ders.: Theologie in der Gemeinde, 53.
[68] Vgl. oben, Anm. 41 (zweiter Teil).
[69] Vgl. Wer mitmacht, erlebt Gemeinde. Modell Dortmund-Scharnhorst. Eine Zwischenbilanz. Hrsg. von Petrus GÖRGES u. Reinhard KELLERHOFF u. Clemens WEBER u. Werenfried WESSEL unter Mitarbeit von Josef SCHARRER. Limburg 1972.
[70] Vgl. WESSEL, Werenfried: Gemeinde heißt Kontakt. In: Norbert METTE (Hrsg.): Wie wir Gemeinde wurden, 39.
[71] Ebd. 40.
[72] Pastoralkonzept der Pfarre „Namen Jesu" (12. Wiener Gemeindebezirk). Wien 1976, 5.
[73] Vgl. MÜHLEN, Heribert: Das Verhältnis zwischen der charismatischen Gemeinde-Erneuerung und ähnlichen geistlichen Aufbrüchen. In: Erneuerung in Kirche und Gesellschaft. Jg. 1981, H. 10, 54.
[74] Ebd.
[75] Ebd. 58.
[76] Vgl. CAPPELLARO, Juan u. José MIRA u. Julio JIMENEZ: Pfarrgemeinde der Zukunft. Eine Gemeinschaft von Gemeinschaften. Projekt 1990, hrsg. von den Mitarbeitern der „Bewegung für eine bessere Welt" in Österreich, Deutschland und in der Schweiz; o. O. u. o. J.
[77] Vgl. dazu u. a. die Literaturhinweise in SCHILLING, Hans: Kritische Thesen zur „Gemeindekirche". In: Diakonia 6 (1975), 78–99 u. METTE, Norbert: Gemeinde – wozu? Zielvorstellungen im Widerstreit. In: GREINACHER, Norbert u. Norbert METTE u. Wilhelm MÖHLER (Hrsg.): Gemeindepraxis. Analysen und Aufgaben. München/Mainz 1979, 91–101, bes. 93f.
[78] Vgl. FLECKENSTEIN, Heinz u. Rolf ZERFASS: Gemeinde als Kirche am Ort und vor Ort. Lehrbrief 4. In: Theologie im Fernkurs. Studiengang Pastorale Dienste. Pastoraler Basiskurs (o. J.), 35f.
[79] Vgl. oben S. 13–17.
[80] Vgl. unten S. 55f.
[81] KÖNIG, Franz: Die Gemeinden sind meine Hoffnung. Träume eines Bischofs. In: Entschluß 37 (1982), H. 12. 9f.
[82] Ebd.
[83] LEHMANN, Karl: Gemeinde. In: Christlicher Glaube in moderner Gesellschaft. Teilband 29. Freiburg – Basel – Wien 1982, 50f. (Die in dem Beitrag enthaltenen umfangreichen Literaturangaben werden hier weggelassen.)
[84] Ebd. – Zum vielgestaltigen Erscheinungsbild von Basisgemeinden vgl. u. a. BOFF, Leonardo: Die Neuentdeckung der Kirche. Basisgemeinden in Lateinamerika. 2. Aufl. Mainz 1980; HARTMANN, Günter: Christliche Basisgruppen und ihre befreiende Praxis. Erfahrungen im Nordosten Brasiliens. München/Mainz 1980; FRANKEMÖLLE, Hubert (Hsrg.): Kirche von unten. Alternative Gemeinden. Modelle – Erfahrungen – Reflexionen. (Praxis der Kirche 37) München/Mainz 1981; GOLDSTEIN, Horst (Hrsg.): Befreiungstheologie als Herausforderung. Anstöße. Anfragen. Anklagen. Düsseldorf 1981; LOR-

SCHEIDER, Aloisio: Impulse aus Lateinamerika. (Aus dem Portugiesischen v. F. REGELSBERGER) Graz – Wien – Köln 1981; COPRAY, Norbert u. Hartmut MEESMANN u. Thomas SEITERICH (Hrsg.): Die andere Kirche. Basisgemeinden in Europa. Wuppertal 1982; DEELEN, Gottfried: Kirche auf dem Weg zum Volk. Soziologische Betrachtungen über die kirchlichen Basisgemeinden in Brasilien. 2. Aufl. Mettingen 1982; METTE, Norbert (Hrsg.): Wie wir Gemeinde wurden. Lernerfahrungen und Erneuerungsprozesse in der Volkskirche. (Praxis der Kirche 41) München/Mainz 1982.

[85] Papst Paul VI.: Apostolisches Schreiben „Evangelii nuntiandi" Nr. 58.

[86] LEHMANN, Karl: Die Gemeinde, 52.

[87] Johannes, der weggegangen ist. Ein Pfarrer begleitet seinen Weg. (Verfasser W. F.) In: Entschluß 37 (1982),H. 12, 27.

[88] Ebd.

[89] Ebd.

[90] LOHFINK, Gerhard: Wie hat Jesus Gemeinde gewollt? Freiburg – Basel – Wien 1982, 88.

[91] Vgl. unten S. 56, 58–60, 62, 144.

[92] Vgl. LOHFINK, Gerhard: A. a. O. 181–188.

Zweites Kapitel

SENDUNG UND AUFTRAG DER KIRCHE ALS HORIZONT DER GEMEINDE

Schwerpunkt einer Gemeindetheologie

I. DIE NOTWENDIGKEIT THEOLOGISCHER ÜBERLEGUNGEN IM ZUSAMMENHANG DER GEMEINDEPASTORAL

1. Der „Gemeinde"-Begriff im theologischen Sprachgebrauch

Noch vor 20 Jahren war es im katholischen Bereich nicht üblich, von „Gemeinde" zu sprechen. Bevorzugt wurden die Ausdrücke „Pfarrei", „Pfarrgemeinde" oder auch „Kirchengemeinde". Auf dem Zweiten Vatikanischen Konzil kam es zur Neubesinnung über die Bedeutung der bischöflichen „Ortskirche". Dabei wurden Anträge eingebracht, die auch die Bedeutung der „Ortsgemeinde" im Sinne der Einzelgemeinde unterstrichen. Eine Reihe solcher Anträge wurde in die Konzilsvorlagen aufgenommen.[1]

Neben den Anstößen durch das Konzil, die sich auf die verschiedenen Landes- und Diözesansynoden fruchtbar auswirkten, trug vor allem die pastoraltheologische Diskussion dazu bei, daß die Bezeichnung „Gemeinde" auf katholischer Seite allgemein angenommen wurde. Dabei zeigten die verschiedenen Stellungnahmen zum Thema „Gemeindekirche", daß die Wortwahl auf eine Veränderung im Gemeindebewußtsein schließen läßt.

Eine große Breitenwirkung erzielte das 1965 erschienene Buch von Ferdinand KLOSTERMANN: „Prinzip Gemeinde. Gemeinde als Prinzip des kirchlichen Lebens und der Pastoraltheologie als Theologie dieses Lebens."[2] KLOSTERMANN formulierte: „Kirche als Stiftung Jesu kann sich nur als Gemeinde realisieren."[3] In einer Vorlage zur Gemeinsamen Synode der

Bistümer in der Bundesrepublik Deutschland findet sich die Feststellung: „Gemeinde ist Kirche, und Kirche ist Gemeinde."[4] In dem 1970 in der Reihe „Pastorale. Handreichung für den pastoralen Dienst" erschienenen Bändchen „Die Gemeinde" heißt es unter der Überschrift „Kirche als Gemeinde" und dem Untertitel „Kirche ist Gemeinde": Die Kirche hat, gleichgültig, ob sie sich „als Pfarrei, Diözese oder Weltkirche" verwirklicht, „wesentlich gemeindlichen Charakter, und zwar im theologischen, nicht im soziologischen Sinne verstanden".[5] Die Verfasser begründen die konsequente Verwendung des Ausdrucks „Gemeinde" damit, bei dem Wort „Kirche" bestehe die Gefahr, daß „der Gemeindecharakter, das menschlich Verbindende, zurückgedrängt und Kirche oft nur als Institution, als Apparat verstanden" werde.[6] Daraus wird deutlich, daß durch die Übernahme des Begriffs „Gemeinde" der Gemeinschaftscharakter der Kirche betont werden soll.

Bischof LEHMANN charakterisiert die Stoßrichtung des Sprachgebrauchs „Gemeinde" folgendermaßen:[7]

- „Gegenüber einem einseitig rechtlich-institutionell interpretierten Begriff von Pfarrei wird weniger das Moment einer territorial umschriebenen kirchlichen Verwaltungseinheit bzw. eines Seelsorgsbezirks, sondern der im gemeinsamen Glauben wurzelnde, freie Zusammenschluß von Personen hervorgehoben, die sich zum Evangelium Jesu Christi bekennen.
- In Abhebung von einem Begriff der ‚Kirche', die zu sehr über der Wirklichkeit schwebend . . . verstanden wird, liegt der Akzent auf der Einzelgemeinde mit ihren konkreten Bedingungen und Strukturen.
- „Je mehr die kirchliche Sozialreform sich nicht nur an örtlich gebundene Strukturen, sondern auch am personalen und funktionalen Prinzip der Gemeindebildung orientierte, um so mehr verdrängte der Gemeinde-Begriff das ortskirchliche Prinzip."
- Während der Begriff „Pfarrei" in erster Linie „lokal" und „rechtlich" ausgelegt wird, bringt der Ausdruck „Gemeinde" jene Elemente besser zum Ausdruck, „die für die gegenwärtige Pastoral von besonderer Bedeutung sind": den „dynamischen Ereignis-Charakter", die sich im Vollzug ständig „neu bildende Gemeinschaft" mit ihrer „offenen und darum auch missionarischen Struktur".

- „Vor allem durch die kirchenrechtliche Prägung des Pfarrei-Begriffs sah man darin eine Auffassung fixiert, welche die Gläubigen weitgehend nur als ‚Untergebene‘ und passive Empfänger der vom kirchlichen Amt verwalteten Gnadenmittel in den Blick nimmt. ‚Gemeinde‘ unterstreicht dagegen die aus Glaube und Taufe entspringende Würde und Gleichheit aller in Jesus Christus als Fundament des gemeinschaftlichen Lebens, ohne damit schon die Notwendigkeit eines spezifischen Amtes und besonderer Dienste zu leugnen.“
- Während die eher „traditionelle Konzeption der Pfarrei . . ., nicht zuletzt in dörflichen Strukturen, von einer Identität zwischen Ortskirche und bürgerlicher Gemeinde (Dorf, Kommune, Stadtteile)“ ausging, wurde „die herkömmliche Bürgergemeinde durch Verwaltungs- und Gebietsreformen einschneidenden Veränderungen unterworfen“. In der Kirche verstärkten sich die „funktionalen“ und „personalen“ Gesichtspunkte der Gemeindebildung. Beide Entwicklungen begünstigten die Verwendung des Gemeinde-Begriffs auch im kirchlichen Bereich.

Es lassen sich auch eine Reihe eher pastoral-praktischer Gründe anführen, die dazu beigetragen haben, daß der Boden für die Aufnahme der Bezeichnung „Gemeinde“ vorbereitet war.

- Eine Erneuerung der pastoralen Methoden: Neben das Territorialprinzip und die kategoriale Seelsorge traten intensive Bemühungen um die Entwicklung von Formen der Seelsorge, die sich besonders an einzelne und deren Lebensgestaltung wenden.
- Die Begegnung mit der Kirche führt über Kontakte zu lebendigen Gruppen und Gemeinschaften. Das Bemühen um die Erneuerung der Kirche „an der Basis“ findet sich besonders in den verschiedenen spirituellen Bewegungen, die sich innerhalb und außerhalb der Gemeinden bilden und teilweise großen Einfluß ausüben. So versuchen beispielsweise die „Bewegung für eine bessere Welt“ oder die „charismatische Gemeinde-Erneuerung“ das Leben der Kirche in der Gemeinde zu verwirklichen.
- Die verschiedenen Modell-Versuche, Gemeinde zu verlebendigen, blieben nicht ohne Beispiel-Wirkung. Freilich kann

nicht übersehen werden, daß solche Gemeinde-Modelle mit ihren theologischen Ansätzen gelegentlich Akzente setzen, die als Einseitigkeiten im Verständnis von Gemeinde aufgezeigt werden müssen.

2. Eigengesetzlichkeiten einer Gemeinde-Praxis

Gemeinde ist als Verwirklichung der „Kirche" ein Teil des in Glaube, Hoffnung und Liebe versammelten Gottesvolkes, das sich im gegenseitigen Austausch der vielen Dienste und Charismen zur Fülle und Einheit des Leibes Christi aufbauen läßt.[8]

Die Einbindung in die ganze Kirche stellt eine Herausforderung an die Bereitschaft zur *Einordnung* in diese größere Einheit dar. Gelegentlich entwickelt die Praxis in den Gemeinden eine derartige Eigendynamik und Eigengesetzlichkeit, daß der Zusammenhang mit der Diözese und der Weltkirche oft nur schwer erkennbar wird. Viele Pfarrer, Pfarrgemeinderäte und Gemeindemitglieder sagen: „Wir tun schon das Richtige" und kapseln sich gleichzeitig „unkatholisch" von der größeren Einheit der gesamten Kirche ab.[9]

In der Auseinandersetzung um das „Prinzip Gemeinde" besteht in der Praxis mancher Gemeinden die Gefahr, „Gemeinde" und „Gemeinschaft" nahezu *absolut* zu setzen. Manche Gemeinde nimmt den einzelnen so in Anspruch, daß er sagt: „Ich kann nicht mehr. Ich kann nicht jeden Abend in der Pfarrei sein. Ich muß auf meine Familie Rücksicht nehmen." Diese Spannung erfährt jeder, der in einem pastoralen Beruf steht: Wie weit muß ich mich selbst einbringen und wo kann ich mich zurücknehmen?

Auf gewisse Zusammenhänge zwischen einer „übertriebenen" Gemeindetheologie – fast im Sinne einer „Gemeindeideologie" – hat Wilhelm ZAUNER aufmerksam gemacht. Er vermutet, vor der Entwicklung der Gemeindetheologie und der damit verbundenen stärkeren Betonung des gemeinsamen Betens hätten prozentuell mehr Katholiken als heute ein persönliches Morgen- und Abendgebet gesprochen. Früher hätten mehr Gläubige tagsüber eine Kirche besucht, um für sich zu beten, eine Kerze anzuzünden oder eine Münze in den Opferkasten zu werfen. Heute sind die meisten Kirchen verschlossen. „Man rechnet nicht mehr mit Betern. Man muß eher Diebe fürchten, die sich in den menschenleeren Kirchen ungestört über die Kunstschätze hermachen können."[10]

Da und dort hat sich die Gemeindetheologie auch auf den Kirchenbau ausgewirkt. Technisch noch so perfekt ausgestattete „Versammlungsräume" tragen nicht der Tatsache Rechnung, daß sich Kirchenbesucher recht unterschiedlich mit der Gemeinde identifizieren. In Kirchen, die in den letzten Jahren in zunehmendem Maß unter dem Gesichtspunkt der „aktiven Teilnahme am Gottesdienst" gebaut wurden, ist kein Platz mehr, hinter einer Säule oder in einer dunklen Ecke zu stehen. Die Gemeinde erwartet, daß jeder mittut und mitlebt.

Die Betonung der Gemeindetheologie führt in manchen Gemeinden dazu, daß die Liturgiefeier derart spezifisch ausgeprägt ist, daß ein Auswärtiger große Mühe hat, sich zurechtzufinden. Wer nicht zur Gemeinde gehört, „kann nicht einmal mehr einen Gottesdienst mitfeiern, ohne fürchten zu müssen, daß er dabei auffällt".[11]

Eine Übertreibung des Gemeindeprinzips kann auch zur Schwächung des überpfarrlichen, gesamtkirchlichen Denkens führen. Mancher, der in einer lebendigen Gemeinde lebt, gibt sich damit zufrieden, daß er sich in der eigenen Gemeinde ohnedies genug engagiert. Er hat wenig oder kein Interesse an kirchlichen Strukturen, wie sie im Dekanat, in der Region oder in der Diözese vorgegeben sind. Manche Gemeinden nehmen deshalb kaum Rücksicht auf diözesane Planungen oder regionale Vorschläge und Abmachungen, weil sie ihr eigenes Pastoralkonzept haben.

Diese Hinweise verdeutlichen die Notwendigkeit, die theologischen Grundbedingungen der Gemeinde im Sinne der gegenseitigen Verwiesenheit von Kirche und Gemeinde klarzulegen.

3. Ungelöste Probleme

Der inzwischen fast selbstverständlich gewordene Gebrauch des Ausdrucks „Gemeinde" darf die ungelösten Probleme nicht übersehen lassen, die damit zusammenhängen, daß die „Theologie der Gemeinde" noch in ihren Anfängen steckt und in der Hauptsache von der Sprachregelung einer „Lehre von der Kirche" geprägt ist, wie sie in den Dokumenten des Zweiten Vatikanischen Konzils ihren Niederschlag gefunden hat.[12] „Man spricht zwar von *Teilkirche* (‚ecclesia particularis'), meint damit jedoch die bischöfliche Ortskirche (also z. B. die Kirche von Mailand), nicht aber die Einzelgemeinde im Sinne der Pfarrei, die ganz in ihrer Abhängigkeit vom Bischof als dem Vorsteher der Teilkirche gesehen wird."[13]

Die bei der Bestandsaufnahme im ersten Kapitel aufgetauchten Probleme der „Sozialformen" von Kirche- und Gemeindesein sollen im Sinne der Heiligen Schrift und nach den Grundlinien kirchen- und gemeindebezogener theologischer Überlegungen theoretisch bedacht und im dritten Kapitel auf die künftige Praxis angewandt werden.

II. BIBLISCHE PERSPEKTIVEN ZUM VERSTÄNDNIS VON GEMEINDE

1. Grundlegende Gemeinsamkeiten in den Aussagen des Neuen Testaments

Der folgende Versuch einer biblischen Grundlegung des theologischen Verständnisses von Gemeinde nimmt bewußt vor allem auf das Neue Testament Bezug. Dabei wird deutlich, daß dessen Texte kein einheitliches Bild der wahren Gestalt von Gemeinde bieten können, zu dem man mit gutem Willen über die beiden Jahrtausende zurückkehren könnte. Das Neue Testament kennt auch keine einheitliche Bezeichnung für das, was wir heute „christliche Gemeinde" nennen, sondern verwendet eine Vielzahl von Begriffen und Namen, die allerdings deutlich machen, daß es keine klare Unterscheidung zwischen der Einzelgemeinde und der ganzen Kirche gibt. Wenn die Evangelisten, die Autoren der apostolischen Briefe und der übrigen neutestamentlichen Schriften von der „Ekklesia", der „Kirche" sprechen, haben sie jeweils entweder die Gesamtkirche oder die einzelne Kirche am Ort vor Augen. Das veranschaulicht vor allem die Verwendung des Ekklesia-Begriffs bei Paulus, auf die weiter unten eingegangen wird.

Weder für die theologische Sichtweise der Gesamtkirche noch für die der einzelnen Gemeinde bieten die neutestamentlichen Schriften eine „systematische Darstellung".[14] Das hängt mit dem unterschiedlichen Interesse der einzelnen Verfasser am Thema Kirche und Gemeinde zusammen. Dazu kommt der „situationsbedingte und fragmentarische Charakter“ der im Neuen Testament vereinten Schriften.[15]

Soweit sich die einzelnen Schriften des Neuen Testaments mit dem Thema Kirche unter verschiedenen Aspekten beschäftigen, lassen sich doch durchgängige Perspektiven aufzeigen. Alle neutestamentlichen Schriften stimmen darin überein, daß es immer die *eine* Kirche ist, die Auswirkung und Abbild der Einheit Jesu mit dem Vater ist. „Mag es unterschiedliche Stufen und Formen der ‚Ekklesia‘, der ‚Kirche‘ geben, einen Pluralismus des Glaubens, der Lehre, des Evangeliums gibt es nach dem Neuen Testament nicht.“[16] Es gibt nur den einen Herrn, die eine Erlösungstat, der sich die Kirche und damit die Gemeinde verdanken.

Von hier aus betrachtet ist es möglich, die Aussagen zum Verständnis von Kirche und Gemeinde im Neuen Testament *exemplarisch* aufzuzeigen, um entscheidende Gesichtspunkte und Merkmale des neutestamentlichen Gemeindebegriffs und -bildes für die im Zusammenhang der Überlegungen dieses Buches gestellten Fragen zu gewinnen.

a) *Kirche, Gemeinde im Neuen Testament unter dem Anspruch der „Jüngerschaft“*

Nach dem *Matthäusevangelium* ist die Glaubensgemeinschaft der Kirche vorausgebildet in der Jüngerschar des irdischen Jesus: In ihm ist die Gottesherrschaft so nahe gekommen, daß sie zur persönlichen Erfahrung wurde.[17] Wenn Jesus öffentlich wirkt, ist er nie ohne „seine Jünger“ (vgl. Mt 9, 14; 11, 2; 14, 15; u. ö.); sie sind seine „Begleiter“ (12, 1), seine „Boten“ (12, 1), seine „Tischgenossen“ (9, 10 f.), seine „Diener“ (14, 15 ff. u. ö.). Sie folgen Jesus wohin er geht (8, 23). Ihnen eröffnet Jesus seinen Leidensweg (16, 21 u. ö.). Das Wesentliche der Jüngerschaft ist die entschiedene *Nachfolge* (4, 20.22 u. ö.). Matthäus charakterisiert auch das Verhältnis der Jünger zueinander: Untereinander sind sie „Brüder“ (5, 22 ff.; 7, 3 ff.; 18, 15 ff.; bes. 23, 8); der Größte unter ihnen soll ihr Diener sein, wie der Menschensohn gekommen ist, zu „dienen und sein Leben hinzugeben als Lösegeld für viele“ (20, 26 ff.).[18] Als solche, die „über das Himmelreich unterrichtet“ sind (13, 11.51 f.), werden die Jünger zu Arbeitern für die „Ernte“ bestimmt, die mit Jesu Wirken begonnen hat (9, 37 f.), sie sollen „Salz der Erde“ und „Licht der Welt“ sein (5, 13 ff.).[19]

So gibt Jesus „Menschen Anteil an seiner Sendung im Dienst der anbrechenden Gottesherrschaft“. Die „Jünger werden ausgesandt; sie haben inhaltlich ganz das gleiche zu tun, was der Herr selbst tut. Wie er müssen sie das bevorstehende Kommen des Reiches verkünden und die Zeichen des Reiches wirken. ‚Heilt Kranke, weckt Tote auf, macht Aussätzige rein, treibt Dämonen aus‘ (Mt 10, 8). Bis in ihre Lebensform (Armut, Verfügbarkeit, Entschiedenheit) hinein müssen die gesandten Jünger ihm gleichen. Sie sind also nicht nur Boten, sondern beauftragte Zeugen, Mitarbeiter, im wahrsten Sinn des Wortes ‚Repräsentanten‘ Jesu. Ihre Berufung und Sendung zielt auf die Sammlung des Gottesvolkes, an der Jesus seine Jünger teilnehmen läßt. Sie sollen das, was er tut, wirksam dorthin tragen, wohin er selber kommen will (vgl. Lk 10, 51).“[20]

Auch heute gehört es zum Ruf in die „Jüngerschaft“, auf das Wort Jesu Christi hin in die Nachfolge einzutreten, konkret dem Herrn im Dienst der Kirche nachzufolgen, Kirche aber auch im Geist der Nachfolge zu gestalten. *Mehr Verantwortung* heißt *mehr Nachfolge.* Von daher müßte die Übernahme der verschiedenen Dienste in der Gemeinde einmal bedacht werden.

Nach Heinrich SCHLIER ist die Gemeinschaft der Kirche bei Matthäus die „im Prinzip angemessene Interpretation der Jüngerschaft Jesu“.[21] Der Evangelist legt das Frühere im Licht des Späteren aus. An der Jüngerschar kann die wesentliche Aufgabe der Glieder der Kirche abgelesen werden: Sie sind „ein offener Kreis“ derer, die hinter Jesus hergehen, eine „Bruderschaft“ der „entschlossenen Nachfolger“.[22]

b) Amt und Charisma in der Gemeinde

Auch für *Lukas* ist die Kirche „von ihrem Ursprung, ihren Gaben, ihrer Lebensweise her“ eine „Bruderschaft“.[23] Doch sind in der Gemeinde nicht alle gleich. Von Anfang an zeigt sich eine gewisse Struktur. In der Gemeinde, die den Geist hat, ragen Charismatiker heraus (vgl. Apg 19, 6), besonders Propheten; es gibt die Träger gewisser Aufsichts- und Leitungsämter, die Lehr- und Entscheidungsvollmacht haben.[24]

Der Heilige Geist wird allen Gliedern der Gemeinde geschenkt (Apg 2, 4.33). Im 10. Kapitel der Apostelgeschichte heißt es: „Noch während Petrus dies sagte, kam der Heilige Geist auf alle herab" (10, 44). Ebenso kennt die Apostelgeschichte aber bereits Anfänge einer Amtsstruktur: genannt werden die Ältesten („Presbyter") (Apg 11, 30; 15, 2.6.23 u. ö.), die Bischöfe (20, 28), die Evangelisten (21, 8) und die „Sieben" (in etwa den späteren „Diakonen" gleichzusetzen) (Apg 6).

Im 12. Kapitel des 1. Korintherbriefs formuliert *Paulus,* daß die Kirche als Ganzes und jedes einzelne ihrer Glieder vom Geist Gottes beseelt ist. Von ihm erhält jeder Christ in Taufe und Firmung sein Charisma: seine eigene Begabung und Befähigung, um sie für das Ganze, den Aufbau des Leibes Christi, einzusetzen. „Im Miteinander und Füreinander der vielen einzelnen gibt einer dem anderen Anteil an dem, was der Geist schenkt."[25]

Im Rahmen des Austauschs der Charismen sieht Paulus (z. B. in 1 Kor 12, 28 ff.) auch die kirchlichen Ämter. Der Apostel stellt sie in die „Reihe der übrigen geistgewirkten Charismen". Das Besondere des von Christus der Kirche eingestifteten Amtscharismas (Eph 4, 11) besteht darin, „die Mitchristen ‚zuzurüsten für die Erfüllung ihres Dienstes, für den Aufbau des Leibes Christi'" (Eph 4, 11 ff.).[26] So hat „das Charisma des amtlichen Dienstes den Auftrag, die übrigen vielfältigen Charismen, Begabungen und Fähigkeiten auf den Aufbau der Kirche hin auszurichten".[27]

c) *Kirche im Volk*

Nach Auffassung von Bischof Johann WEBER ist es bemerkenswert, daß Jesus „seine Jünger dadurch bildet, daß er sie zu den Leuten gehen heißt. Dahinter steht zunächst die Grundauffassung, daß sich die Kirche . . . im Volk ereignet".[28] Nach dem Bericht der Evangelien wird das Volk nicht bloß betreut, sondern es „treibt seinerseits Jesus an, eilt ihm nach, sucht ihn auf, gibt ihm keine Ruhe".[29]

Charakteristisch dafür ist die Erzählung vom „Mahl der Fünftausend" bei *Markus* (6, 30–44). Diese Speisungsgeschichte wird ganz vom „Gottesvolk-Gedanken" bestimmt. Zu den wichtigsten Grundzügen des Berichtes gehört das Erbarmen Jesu mit der Volksmenge, die Jesus und die Zwölf bedrängt. Dieses Erbarmen ist mehr als „menschliche Zuneigung". In Jesu Haltung bekundet sich „die Zuneigung Gottes zu den Menschen".[30] Zur Begründung bedient sich Markus des Bildes von der ,,hirtenlosen Herde".

GNILKA deutet das Bild so, ,,daß Jesus, der Hirt, . . . dabei ist, das eschatologische Gottesvolk zu konstituieren".[31] Die Bemerkung, Jesus lehre das Volk, deutet an, worin Jesu Hirtentätigkeit vor allem zu sehen ist. Indem Jesus den Menschen aus dem Volk seine Tischgemeinschaft gewährt, an der sonst nur die Jünger teilnehmen, sammelt er das endzeitliche Gottesvolk. Somit wird die Mahlgeschichte bei Markus – im Sinne der allegorisch-geistlichen Schriftauslegung – zu einem Bild der Kirche *für* das Volk.

Für die bibeltheologische Grundlegung eines rechten Gemeindeverständnisses ist der Bezug der Kirche zum *Volk* wichtig. Die Frohbotschaft gilt ,,dem ganzen Volk" (u. a. Lk 2, 11). In den synoptischen Evangelien scheint die gesamte Sozialstruktur der früheren Kirche auf: Im Volk gibt es Reiche, Arme, Dirnen, Soldaten, Zollbeamte, Asoziale.[32] Auch die paulinischen Briefe kennen den Unterschied zwischen der Kirche für das Volk und einer davon abgehobenen ,,lebendigen Gemeinde" im Sinne der heutigen Diskussion um die ,,Volks"- und ,,Gemeindekirche" noch nicht. Wolfgang LÜCK schreibt: ,,Überspitzt könnte man formulieren", daß es Paulus ,,nicht um die Gemeinde, sondern um Christus" geht. ,,Christus ist der Handelnde und nicht die Christen oder die Gemeinde."[33]

Eine Gemeinde, die sich vom Volk trennt, würde einer ,,Elite-Ideologie" verfallen, die sich keineswegs vom Evangelium her legitimieren läßt, sondern von dort her eindeutig kritisiert wird.[34] In der Gemeinde sammelt Jesus Christus das ,,Volk Gottes", in dem Menschen aller Altersstufen, Klassen und aus den verschiedenen Nationen zur Einheit zusammengeführt werden sollen.

d) *Der Glaube aufgrund des Wortes und die Gemeinschaft des Herrenmahles als Lebenselemente der Gemeinde*

Die Kirche und die Gemeinden entstehen durch das apostolische Wort: es bildet ihre Quelle und ihre bleibende innere Kraft (vgl. u. a. Apg 2, 41; 5, 42; 6, 7).[35] Das geisterfüllte Wort als ,,die aktuelle Tradition", die Taufe und die Feier des Herrenmahles erwecken und bewahren die Gemeinde der Glaubenden und Liebenden inmitten der Welt (vgl. 1 Joh 5, 6.9 ff.).[36]

2. Der „Ekklesia"-Begriff bei Paulus

a) Inhaltliche Aussagen

Kirche – die „Versammlung" des Volkes Gottes

Der biblische „Ekklesia"-Begriff ist für Paulus und die Urgemeinde eine beinahe selbstverständliche Kategorie. „Ekklesia" ist fast ausschließlich die Übersetzung des hebräischen Begriffes „qahal" (= „Versammlung"), der im Buch Deuteronomium und in den Psalmen die Gesamtgemeinde Israels und ihre Versammlung bezeichnet (Dt 16, 8; 32, 43 u. ö.; 1 Chr 13, 2.4; 28, 2.8 u. a. Ps 22, 23.26 Ps 26, 5.12 u. a.). In der griechischen Bibelübersetzung wurde „qehal Jahwe" (= die „Versammlung des Volkes Gottes") mit „Ekklesia Kyriou" („‚Versammlung' des Herrn") übersetzt. Diesen Begriff übernahm Paulus in der Formulierung „die Kirche Gottes" (z. B. 1 Kor 1, 2). Daß der Begriff „Ekklesia" im Sinne des „versammelten Volkes Gottes" für Paulus noch ein lebendiger Begriff war, zeigt sich u. a. darin, daß Paulus schreiben konnte: „An die Gemeinde [‚Ekklesia'] . . . in Gott, dem Vater, und in Jesus Christus, dem Herrn" (z. B. 1 und 2 Thess 1,1). Wenn Paulus die „Kirche" vom „alttestamentlichen Volk Gottes" unterscheidet, redet er etwa auch von „den Gemeinden Gottes . . ., die sich zu Christus Jesu bekennen" (z. B. 1 Thess 2, 14). „Gemeint ist beidesmal die Kirche als das versammelte Volk Gottes, das jetzt das Volk in Gott, dem Vater, und dem Herrn Jesus Christus, oder in Christus an diesem oder jenem Ort ist."[37] „Ekklesia" ist demnach die Bezeichnung für das „Volk Gottes", das in Kontinuität mit „Israel" steht. „Ekklesia" beginnt im alttestamentlichen Volk und findet seine Fortsetzung in der „Kirche aus Juden und Heiden" (Röm 9, 17; 10, 12; 11, 25). Vor allem im Römerbrief setzt sich Paulus mit dem Geschick Israels auseinander.

Das Gottesvolk der Endzeit

Eine andere Bedeutung von „Ekklesia", die jedoch auch mit dem „Volk Gottes" zusammenhängt, findet sich in der Bezeichnung des Volkes Gottes als „Volk der Endzeit", als „Volk der Erfüllung". „Die Kirche Gottes in Jesus Christus" (oder „die Kirche in Gott, dem Vater, und dem Herrn Jesus Christus"

[1 Thess 1, 1; 2, 14]) ist das „Volk Gottes der Endzeit“, es ist das Volk, mit dem Gott seinen Bund schließen wird. In Jer 31, 31 findet sich diese Verheißung angekündigt. Verwirklicht wird sie in der „Ekklesia“, mit der Gott im Blut Jesu Christi den Neuen Bund geschlossen hat und immer wieder schließt, wie es in 1 Kor 11, 25 heißt. Wenn Paulus von der Kirche als der „Ekklesia“ spricht, drückt er damit aus, daß sie das von Gott gerufene und erwählte und von ihm immer wieder neu beanspruchte Volk dessen ist, der zum Heil und zum Gericht kommt.[38]

Die heilige „Festversammlung“

Ein theologisch bedeutsamer Inhalt, der im Neuen Testament mit dem Begriff „Ekklesia“ verbunden ist, findet sich bei Paulus, wenn er von der „heiligen Festversammlung“ spricht (die Übersetzung stammt von Heinrich SCHLIER).[39] Diese Ausdrucksweise findet sich in den Adressen verschiedener Briefe. So heißt es z. B. im ersten Korintherbrief: „An die Kirche Gottes, die in Korinth ist –, an die Geheiligten in Jesus Christus, berufen als Heilige mit allen, die den Namen Jesu Christi, unseres Herrn, anrufen bei ihnen und bei uns“ (1 Kor 1, 2). Dieser Ausdruck „berufene Heilige“ ist die Übersetzung jenes hebräischen Begriffs, der die Versammlung der am Sabbat zu den Gottesdiensten zusammenkommenden Gläubigen meint.

Wenn sich Paulus an die „Ekklesia“ in Rom oder Korinth wendet und ihre Glieder „berufene Heilige“ nennt, sieht er als Adressaten das Volk Gottes vor sich, das als das heilige Volk zur „heiligen Festversammlung“ „erwählt“, „gerufen“ und „versammelt“ ist. Paulus spricht von den Gemeinden als den „berufenen Heiligen“ (Röm 1, 7, vgl. 8, 27). Die „Ekklesia“ ist die Gemeinde der „Herausgerufenen“, der „Heiligen“, der von Gott „Erwählten“. Gemeinde ist also nicht etwas, was sich selbst schafft, sondern Gemeinde und Kirche wird von Gott erwählt und gerufen.

Gemeinde: eine „öffentliche Größe“

Im Profangriechischen ist „Ekklesia“ die Bezeichnung für die „Versammlung der Vollbürger einer Polis“. Daraus ergibt sich eine weitere Erklärung des Begriffs „Ekklesia“, wie er sich im

Neuen Testament findet. Paulus hat das Wort aus dem politischen Sprachgebrauch übernommen. Es ist anzunehmen, daß damals die Menschen bei dem Wort „Ekklesia“ an die bürgerlichen Versammlungen dachten, an die „Versammlung der Vollbürger einer Polis“. Für die Christen fällt deshalb von der profanen „Ekklesia“ Licht auf die „Ekklesia Gottes“, auf jene Ekklesia, die sich zum Gottesdienst versammelt.

Von daher wird deutlich, daß „Ekklesia“ nicht ein „privater Verein“ ist, keine Gemeinschaft oder „Genossenschaft“, die sich „absondert“, sondern „Ekklesia“ ist eine „öffentliche Größe“. Das drückt der Apostel damit aus, daß er die Ekklesia in die Nähe der antiken Polis rückt. Paulus betont, daß die Heiden-Christen ehemals „fern vom Gemeinwesen Israels“ waren (Eph 2, 12), jetzt aber sind sie „Mitbürger der Heiligen“ (Eph 2, 19). In Phil 3, 20 ist die Rede davon, daß die „Heimat“, das „Bürgerrecht“ der Gläubigen, „im Himmel ist“.[40]

b) Verschiedene Gemeinde-Formen der einen Kirche

Die „Gesamtkirche“

An hervorragender Stelle benützt Paulus für die ganze „Kirche Gottes“ die Bezeichnung „Ekklesia“ (z. B. 1 Kor 10, 32).

Die „Ortskirche“ – „Ortsgemeinde“

Wie das für das Neue Testament charakteristische Zueinander von Einzelgemeinden, Hausgemeinden und Gesamtkirche zu sehen ist, zeigt die Stelle 1 Kor 1, 2, wo es heißt, daß die „Kirche Gottes“ in *Korinth* (also in der jeweiligen „Ortskirche“) in Erscheinung tritt. D. h. die ganze Kirche wird in der Einzelgemeinde präsent. In den einzelnen Orts- und Hausgemeinden ist jeweils das „Volk Gottes“ versammelt. Für Paulus ist es selbstverständlich, daß die Einzelgemeinden miteinander in Beziehung stehen. So bilden z. B. die Gemeinden in Jerusalem und Rom dem Wesen nach eine Einheit. Es gibt nicht zwei oder drei „Völker Gottes“.

Das hat Konsequenzen für die Einzelkirche am Ort. Sie repräsentiert das Volk Gottes in der Welt und kann letztlich nur glaubwürdig sein, wenn sie selbst diese Einheit wahrt. Zu dieser

Einheit mahnt der Apostel seine Gemeinde immer wieder (Röm 12, 3 ff; 1 Kor 1, 10). „Gemeinde-Gottes-sein" und Sich-abschließen läßt sich nicht miteinander vereinbaren.

Die zur Feier des Herrenmahls versammelte „Gemeinde"

In 1 Kor 11, 18 bezeichnet Paulus die zur Feier des Herrenmahls versammelte Gemeinde mit dem Begriff „Ekklesia".

Die „Hausgemeinden"

Den Ausdruck „Ekklesia" verwendet Paulus auch für die *Hausgemeinde* (Röm 16, 5 oder 1 Kor 16, 19). Gelegentlich spricht er auch in der Mehrzahl von den „Ekklesiai"; darunter befinden sich u. U. auch mehrere „Hausgemeinden" (u. a. 1 Kor 14, 33 f.; 2 Kor 11, 8.28 u. ö.).

3. Gemeinde unter dem Anspruch der „königlichen", „priesterlichen", „prophetischen" Aufgabe des Gottesvolkes nach 1 Petr 2, 9

Der Verfasser des 1. Petrusbriefs sieht den besonderen Auftrag des neutestamentlichen Gottesvolkes aufgrund der Erwählung und Sendung durch Gott darin, die Aufgaben des von Gott zum Eigentum erwählten Volkes Israel zu übernehmen. Dessen Ehrentitel, die auf der Gabe Gottes beruhen (Ex 19, 5 f.), überträgt der neutestamentliche Autor auf die Glieder der Kirche und sagt von ihnen: Sie „sind ‚Könige', sie haben Macht . . . Sie sind alle ‚Priester' und haben freien Zugang zu Gott. Sie verkündigen mit ihrem Wort und ihren Taten die göttliche Macht des Erbarmens, die sie an sich selber erfahren haben, den anderen Menschen." (Vgl. 1 Petr 2, 9 f.)[41] Die ganze Kirche, der Leib Christi, ist ein „Raum sakramentaler Heilsgegenwart und -wirksamkeit" aufgrund der „stellvertretend für die ganze Welt gewirkten Heilstat Christi". Das gemeinsame Priestertum der Gläubigen hat „in erster Linie prophetischen Charakter".[42]

Nach Wolfgang LÜCK hat die Gemeinde den „herrscherlichen" Auftrag, einen „bergenden Lebensraum" zu ermöglichen. Wörtlich spricht der Verfasser von einem „‚königlichen', Asyl gewährenden Handeln der Kirche", das „Räume" schafft.[43] Als „erlöste Kirche", als „Frucht des Heilsgeschehens in Jesus Christus"[44] bildet die Kirche in der Kraft und im Geist des auferweckten und erhöhten Herrn ein „geistiges Haus" (1 Petr 2, 5), eine Stätte der Bruderliebe (1 Petr 3, 8).

Ziel der *priesterlichen* Sendung in die Welt, in der die Christen letztlich „Fremde" sind und bleiben, weil sie das Heil nicht von der Welt und den Menschen erwarten, sondern von Jesus Christus und seiner Zukunft, die das Heil als Gabe schenken wird (1 Petr 1, 3 ff.)[45], ist die Orientierung am Reich Gottes, an den von Jesus Christus für die Nachfolge gesetzten Maßstäben (1 Petr 2, 21). Daraus ergibt sich die Aufgabe des Dienstes an der Gemeinde aus der von Gott gewährten Kraft (1 Petr 4, 10).

Der *prophetische* Auftrag ist die durch die geistgewirkte Verkündigung zum Christusbekenntnis führende Rechenschaft von der Hoffnung, die die Glaubenden erfüllt und trägt (1 Petr 3, 15). So erfüllt die ganze Gemeinde und jedes Glied in ihr mit den drei „hoheitlichen" Funktionen des Gottesvolkes den Auftrag, Zeugnis abzulegen von dem Wort, aus dem die Gemeinde selbst „neu geboren" wurde (1 Petr 1, 23).

4. Die Möglichkeit einer Übertragung biblischer Gemeindemodelle

Das Neue Testament bietet zwar kein „grundlegendes ‚Modell'" für die Verwirklichung der Kirche in der Gemeinde an. Andererseits sind das, was die neutestamentlichen Texte von der „Ekklesia" sagen, „verbindliche Anrufe der verschiedensten Art an den Glauben, diese maßgebenden Anrufe nachzudenken und nachzuleben, und im Hören auf sie die Kirche nach den in ihnen enthaltenen Wesensmerkmalen zu ‚erbauen'".[46]

Rückfragen an die Urkirche – etwa die Konzeption der paulinischen Gemeinden – haben deshalb ihre Berechtigung, weil die Gemeindekonzeptionen der ersten Christengeneration in der Bibel ihren Niederschlag gefunden und gleichsam einen „unüberholbaren dogmatischen Rang" bekommen haben. Die Möglichkeit zu glauben wird uns durch die früheren Generationen vermittelt. Wir sind nicht die ersten, die Christsein, Kirche und Gemeinde zu leben versuchen. Wir dürfen der alten Kirche zutrauen, daß auch in ihr Christsein gelungen ist. Darum ist die Rückfrage an die früheren Christengemeinden keine Verlegenheitslösung, sondern ein berechtigtes Anliegen. Die frühere Geschichte unseres Glaubens ist nicht ,,beliebig". Wir treffen darin Verbindlichkeiten und Orientierungen für das Christsein in der Gemeinde.

Andererseits hat die heutige Zeit, wenn von der Urkirche die Rede ist, oft ein zu idealisiertes Bild der Kirche des Anfangs vor Augen. Norbert BROX deutet das Bild der urchristlichen Gemeinde, die in der Lehre der Apostel verharrt, zum Gebet versammelt ist, mit der Feier der Eucharistie, mit gemeinsamem Besitz, Armensorge und brüderlicher Verbundenheit, beim ganzen Volk beliebt und ständig wachsend (vgl. Apg 2, 44–47; 4, 32), als eine nachträglich idealisierte Zeichnung.[47] BROX vergleicht die Texte der Apostelgeschichte mit den Paulusbriefen und den Evangelien. Diese ,,wissen nichts von solchen Idealzuständen. Die Kirche war damals nicht so konfliktlos . . . Es gab Gruppen, Richtungen, Differenzen, und zwar in damals wichtigen Fragen wie Gesetz (also Judentum), Enderwartung, Taufverständnis, Christusbild, in gemeindepraktischen Dingen wie Disziplin, Gottesdienst, Ämterordnung, außerdem im Verhältnis zu Staat und Gesellschaft".[48]

Die Urgemeinde ist uns in manchen Details fremd, z. B. mit ihrer Naherwartung. Sie lebt in ihrer Situation ohne die uns bekannten Dogmen, ohne die uns geläufige Kirchenorganisation. Sie war sicher nicht konfliktfrei in ihrer problemlosen Einstellung zur Sklaverei oder gegenüber der politischen Macht.[49] Solche Andeutungen zeigen, daß ein naives Befragen der Urkirche, ein Kopieren-wollen der Konzepte der paulinischen Gemeinden nicht ohne weiteres möglich ist.

Beim Umgang mit der Heiligen Schrift dürfen wir nicht vergessen, daß es zu der Zeit der Entstehung der Schrift und in der frühen Geschichte der Kirche einzelne, Gemeinschaften, Gemeinden und große Teile der Kirche gibt, die mit Überzeugung und Elan versucht haben, Kirche zu verwirklichen. Diese Zeugnisse sind nicht von ungefähr überliefert worden. Sie können für uns hilfreich sein, selbst wenn damals nicht alle Fragen beantwortet wurden, die uns heute interessieren.[50]

III. DIE GEGENSEITIGE VERWIESENHEIT VON KIRCHE UND GEMEINDE

Im folgenden geht es darum, „Gemeinde" als „kirchliche Wirklichkeit" und damit das Zueinander von Einzelgemeinde (am Ort) und Gesamtkirche darzustellen. Trotz verschiedener Ansätze in der Frage nach dem Ursprung der Kirche gibt es eine weitgehende Übereinstimmung in der Auffassung, daß die Kirche als Glaubensgemeinschaft im Heiligen Geist das Werk Gottes ist und im Handeln Gottes am gekreuzigten und auferweckten Jesus Christus gründet. Diesem Geschehen geht das Heilswirken Gottes in der Geschichte des alttestamentlichen Gottesvolkes voraus. Ein konstitutives Ereignis für die Bestimmung des Wesens von Kirche und Gemeinde ist die Sendung der Jünger und die Einsetzung der zwölf Apostel.[51]

1. Der gemeinsame Ursprung von Kirche und Gemeinde

Der gemeinsame Ursprung von Kirche und Gemeinde besagt, daß beide einerseits durch ihre Herkunft aufeinander bezogen sind, andererseits leitet sich Gemeinde theologisch von der Kirche her ab. Wenn die Gemeinde demnach zuerst als „Kirche Gottes" zu sehen ist, soll zunächst über die Kirche nachgedacht werden.

a) Kirche als „Werk Gottes"

Der Ursprung der Kirche liegt im Heilsplan und im Handeln Gottes. Auch wenn es in der Kirche von Menschen zu bewerkstelligende Elemente gibt, letztlich ist die Kirche das von Gott geschaffene und erwählte Volk. Der Kolosserbrief unterstreicht diesen Gedanken mit dem Hinweis auf die Schöpfung. Weil das Geheimnis Gottes in Jesus Christus in der Geschichte zum „Ereignis" geworden ist, kann Kol 3, 16 f. formulieren: „Er [damit ist Jesus Christus gemeint] ist vor aller Schöpfung. In ihm hat alles Bestand. Er ist das Haupt des Leibes, der Leib aber ist die Kirche." Heinrich SCHLIER sagt zur Erklärung dieser Stelle, die Kirche sei nicht bloß ein Gebilde, das der Geschichte zugrunde liegt, sozusagen ein „Rest der Schöpfung", sondern die Schöpfung ist auf die Kirche angelegt. „Ist doch Christus ... der, durch den ... und um deswillen alles geschaffen ist und Bestand hat ... Deshalb bricht auch in der Kirche Jesu Christi die Schöpfung jeweils und in vorläufiger Weise wieder auf."[52]

Auf diesem Hintergrund heißt es in der Kirchenkonstitution des Zweiten Vatikanischen Konzils: „Die ... an Christus glauben, beschloß er [Gott] in der heiligen Kirche zusammenzurufen. Sie war schon seit Anfang der Welt vorausbedeutet; in der Geschichte des Volkes Israel wurde sie auf wunderbare Weise vorbereitet; in den letzten Zeiten gestiftet, durch die Ausgießung des Heiligen Geistes offenbart, und am Ende der Weltzeiten wird sie in Herrlichkeit vollendet werden ..."[53]

Wenn die ganze Kirche Schöpfung Gottes ist, gilt das auch für die einzelne Gemeinde. In diesem Zusammenhang könnte die Taufe als „Ursprungs-Sakrament" der Gemeinde neuen Glanz erhalten. Der Christ wird „auf den Namen des Vaters und des Sohnes und des Heiligen Geistes" getauft und so in die Kirche Gottes aufgenommen. Die Eingliederung durch die Taufe in die Kirche Gottes geschieht konkret in der Gemeinde. Die Würzburger Synode sagt: „Die Taufe hat ihren Ort in der Gemeinde."[54] Wenn dem einzelnen bei der Taufe gesagt wird: „Der allmächtige Gott ... hat dir neues Leben geschenkt", dann wird dadurch der Kirche, auch der Gemeinde neues Leben geschenkt. In gewisser Weise bricht damit Schöpfung Gottes neu auf.

b) Israel – „Vorläufer" der Kirche

Die Kirche findet ihre „Vorbereitung und Vorausdarstellung" durch Israel.[55] Im Alten Testament wird vom „Gottesvolk" oder vom „Stämmeverband" gesprochen. Ferner ist die Rede vom „heiligen Rest", von der „Diaspora", von der „Kultgemeinde", von der „heiligen Stadt", vom „Reich Davids", vom „Gottesreich". Diese Formen sind zeit- und situationsbedingt. Ihrer Entstehung und Ausprägung liegen bestimmte historische und soziale Voraussetzungen zugrunde. So ist der Begriff „Gottesvolk" besonders im Nomadentum verwurzelt. In der Exilsituation wird vom „Rest", von der „Diaspora" gesprochen. Das Konzept der „Kultgemeinde" ist nachexilisch.

Es ist aus der Sicht einer geschichtstheologischen Deutung der Fakten bedeutsam, daß einzelne Sozialformen des Volkes Israel gleichsam von Gott verworfen und zerbrochen und an ihrer Stelle neue Formen geschaffen werden. Ungeachtet aller Änderungen aber bleibt das „Israel Gottes“, das einen Wesenskern hat, der die Zufälligkeiten von Raum und Zeit übersteigt. Aus diesem Israel erwächst die Kirche, die ihre Basis auf dem heiligen Rest hat.[56] Sie findet sich aus Juden und Heiden als das „wahre Israel“, das „Israel Gottes“ zusammen, wie es im NT heißt.

Alle Existenzformen Israels sind verschiedene Komponenten ein und derselben Wirklichkeit. Erst alle Aspekte zusammen werden dieser Wirklichkeit voll gerecht: Als das „Reich Davids“, die „Kultgemeinde“, der „heilige Rest“ und die „Diasporagemeinde“ bleibt Israel das als „Stämmeverband verfaßte Gottesvolk“, dem es stets nur um die Herrschaft Gottes gehen darf.

Kontinuität in Wesensmerkmalen

Insgesamt ist die Kirche des Neuen Testaments das, was im Alten Testament vom Gottesvolk ausgesagt wird: Sie ist das durch die Zeiten wandernde Gottesvolk. Sie ist der übriggebliebene Rest, die im Exil dieser Welt lebende Diaspora, die sich in Ortsgemeinden gruppiert. Die Kirche ist die zum Gottesdienst in den Häusern versammelte, aber auch alle Gläubigen umfassende Ekklesia. Alle Komponenten zusammen machen die Kirche zu dem, was sie ihrer Sendung nach sein soll. Es gibt vom Alten Testament her „bleibende Konstanten“, die auch im Neuen Testament und in der heutigen Kirche anzutreffen sind.[57]

Daraus ergibt sich für die Diskussion um das Verhältnis von Kirche und Gemeinde, daß keine Realisationsform von Kirche uneingeschränkt angenommen werden darf, als ob sich nur in dieser bestimmten Form von Gemeinde Kirche ereignen könne. Erst alle Verwirklichungsweisen zusammen machen „die Kirche“ aus. Die Mannigfaltigkeit an konkreten und konstitutiven Gemeinsamkeiten zeigt, daß die Kirche in vielfältigen Erscheinungsformen lebt, von denen keine absolut gesetzt werden darf. Die Kirche darf also weder mit dem Reich Gottes, noch mit einer konkreten Gottesdienstgemeinde gleichgesetzt werden; weder mit einem bestimmten Typ von Gemeinde, noch gar mit einem einzigen „Gemeinde-Modell“. Eine wichtige Konsequenz und Einsicht für jede Gemeinde, die in Gefahr steht, „ihr“ Gemeindekonzept als das einzig vertretbare anzusehen.

Identitätsverlust durch Selbstgenügsamkeit

Das Volk Israel war sich dessen bewußt, daß es der Herr aus anderen Völkern herausgeführt hat, um sein „Volk", sein Eigentum, sein Bundespartner zu sein.

Erwählung birgt immer auch die Gefahr der Abkapselung in sich. Man glaubt, sich selbst genügen zu dürfen und ist ängstlich um sein Selbstbewußtsein besorgt. Jede Gemeinde, die sich dessen bewußt ist, daß der Herr sie „herausgeführt" hat, steht in der Gefahr der Selbstgenügsamkeit. Damit würde die Gemeinde ihre eigene Sendung und ihre Identität preisgeben.

Tendenzen der Abkapselung bestehen auch im Verhältnis der Gemeinde zur Welt. Es wäre schlimm, wenn dieser Trend in der jetzigen Situation zunehmen würde, da eine größere Öffnung der Einzelgemeinde im sozialen und gesellschaftspolitischen Bereich lebensnotwendig ist. Andererseits muß auch die Gefahr gesehen werden, daß die Gemeinde ihrer Sendung untreu wird und damit ihre Identität verliert, indem sie sich zu rasch den Herausforderungen der Welt angleicht. Das ist eine Spannung, in der jede Gemeinde steht: Wie weit muß sie sich von dieser Welt „abheben"? Jede Gemeinde muß sich fragen, ob sie in ihrem Verhältnis zu den Vorgängen dieser Welt ihren Auftrag verwirklicht oder aufgibt?

Spannung zwischen Kollektiv und Individuum

Im Alten Testament wird an verschiedenen Stellen deutlich, daß das Gottesvolk als Gemeinschaft von Gott erwählt wird. In diesem Volk findet der einzelne sein Heil. Wenn Gott einzelne erwählt, geschieht es immer zum Wohl der Gesamtheit. Allerdings besteht auch die Gefahr, daß dabei die Gemeinschaft absolut gesetzt wird und man vergißt, wie sehr das Ganze von einzelnen getragen wird. Israel ist nicht nur in seiner Gesamtheit erwählt, sondern jeder einzelne ist ein „Erwählter". Damit ist ein Problem angesprochen, das in der Auseinandersetzung um das „Gemeinde"-Prinzip auch heute eine Rolle spielt: die Spannung zwischen dem einzelnen und der Gemeinde. Jeder soll sich in der Gemeinde engagieren, sich für sie interessieren, umgekehrt sorgt die Gemeinde für den einzelnen.

Gottesdienst als Element der Einheit

Israel ist weder eine Ansammlung von Individuen noch ein „anonymes Kollektiv", sondern ganz „Gemeinschaft". Dieses Bewußtsein kommt am deutlichsten in der Liturgie zum Ausdruck.[58] Hier feiert der Israelit das, was Jahwe *ihm* getan hat, als er einst an den Vätern handelte: Der gläubige Israelit feiert die Großtaten Gottes an seinem Volk beim Auszug aus der ägyptischen Knechtschaft als jenes Ereignis, das Jahwe an ihm getan hat. Er feiert seinen Gottesdienst nicht nur mit und inmitten der Gemeinde, sondern immer auch zugunsten seiner Brüder und für sie.[59] In Ps 22, 23–27 heißt es: „Ich will deinen Namen meinen Brüdern verkünden, inmitten der Gemeinde dich preisen . . . Die Armen sollen essen und sich sättigen. Aufleben soll euer Herz für immer." Hier kommt die Mitsorge des einzelnen für die Gemeinde durch das Gebet zum Ausdruck. Der Israelit weiß darüber hinaus, Gott ist durch den Gottesdienst der Gemeinde heilschaffend für die Welt da. Dadurch wird der Gottesdienst gleichsam als Element der Einheit erlebt.

Alttestamentliche Texte – gerade in der Situation der Diaspora – wissen um die Verbundenheit des einzelnen mit der Gesamtgemeinde (aus dankender Rückschau etwa Ps 116). Der Gottesdienst der Gemeinde verstärkt zugleich das Bewußtsein, daß die Gemeinde eine „eschatologische Wirklichkeit" ist. Von diesen Ansätzen her gesehen ist der Gottesdienst auch für die neutestamentliche Gemeinde eine unverzichtbare Grundaufgabe.

Heilserfüllte Gegenwart und verheißene Zukunft

Aussagen und Formen der „alttestamentlichen Ekklesiologie" sind zeit- und situationsbedingt. Manches davon ist hinfällig. Andererseits weiß das alttestamentliche Gottesvolk, daß seine endgültige Gestalt erst in der Zukunft Wirklichkeit werden kann.[60]

Paulus ist sich dessen bewußt, wenn er schreibt: Den Israeliten gehören „die Sohnschaft, die Herrlichkeit, die Bundesordnungen; ihnen ist das Gesetz gegeben, der Gottesdienst und die Verheißungen. Sie haben die Väter, und dem Fleisch nach entstammt ihnen der Christus, der über allem als Gott steht" (Röm 9, 4). Die Sendung Israels realisiert sich in Jesus Christus auf unüberholbare Weise. Dennoch geht das Neue Testament – ungeachtet dessen, was aufgrund des Christusereignisses schon Wirklichkeit ist – davon aus, daß noch Wesentliches fehlt und deshalb Verheißung bleibt. Die Kirche ist noch unterwegs in der „Zerstreuung und Fremde" (1 Petr 1,1). Das gilt auch für die Gemeinde. Die Gemeinde ist noch „unterwegs". Sie hat ihre Heimat nicht in dieser Welt. „Unsere Heimat ist im Himmel" (Phil 3, 20). Vieles in der Kirche geschieht schon jetzt, anderes steht noch aus.

c) *Der gekreuzigte und auferstandene Jesus Christus als Mittelpunkt der Kirche*

Wenn die Kirche in der Hingabe Jesu Christi gründet, der als Gekreuzigter vom Vater auferweckt wurde, als Auferstandener erschien und als der erhöhte Herr im Heiligen Geist gegenwärtig ist, kann formuliert werden, daß der Ursprung der Kirche im Handeln Gottes am Gekreuzigten und Auferstandenen liegt. Der Auferstandene ist der Kirche nahe durch den Heiligen Geist.

Das „Füreinander" Gottes als Einheitsprinzip der Kirche

Hans Urs von BALTHASAR bezeichnet das Wesen Gottes als „Einheit", als „Füreinander". In diesem Zusammenhang sagt er von der Kirche, sie werde erst verstehbar von „der Einheit des dreieinigen Gottes, erschienen in der Hingabe Christi und ausgespendet im Heiligen Geist . . . Diese Einheit ist nichts anderes als das reine Füreinander . . . Man kann den Vater nicht anders verstehen als in seiner zeugenden Selbsthingabe an den erzeugten Sohn." Man kann den Sohn nicht anders verstehen als „in seinem Sein-für-den-Vater. Beider Hingabe ist nochmals ein ‚Füreinander', in den Schriften des Neuen Testaments als ‚Heiliger Geist' deutlich abgehoben sowohl vom Vater wie vom Sohn . . ."[61] Der Geist, der in Einheit mit dem Vater und dem Sohn lebt, legt so den Grund für die Kirche und für die besondere Form von christlicher Gemeinschaft.

Dieses „Füreinander" zu verkünden und zu leben, ist das Grundprinzip christlicher Gemeinde. Es verbindet auch die einzelne Gemeinde mit der ganzen Kirche. Von daher ergeben sich auch Konsequenzen für das Leben in der Gemeinde. Es geht darum, den Menschen zu sagen, daß Gott „füreinander" lebt und „für uns" lebt. Deshalb hängt christliche Gemeinschaft letztlich davon ab, wie weit es gelingt, daß einzelne für andere leben.

Die Existenzweise der Kirche: unablösbar von Jesus Christus

Jesus spricht von „seiner Kirche" (Mt 16, 18) und von den Gliedern der Kirche als den „Seinen" (vgl. Joh 10, 14; 17, 23). Er spricht von seinen „Jüngern" als „Brüdern". Deshalb empfängt die Kirche, die Gemeinde, von Christus Leben, von ihm den Zugang zum Vater. In diesem Zusammenhang sei auf die biblischen Bilder für die Kirche hingewiesen: das Bild vom „Weinstock und den Reben" (Joh 15, 1–17) oder das Bild vom „Hirten" und der „Herde" (Joh 10). Paulus spricht im Epheserbrief von der „Kirche" als dem „Leib Christi" (1, 22 f.).

Das Leben und Dasein Jesu Christi „für-uns" vollendet sich am Kreuz. Deshalb ist dieses Für-uns Jesu Christi die bleibende Dimension, die der Kirche zugrundeliegt. Als Existenzweise des „Für-die-anderen" muß sie in der Kirche, in der Gemeinde auf- und ausgebaut werden.[62]

d) Kirche als Glaubensgemeinschaft im Heiligen Geist

Der Heilige Geist als die Gabe Gottes an die endzeitliche Gemeinde

Nach der Apostelgeschichte gießt Gott die Gabe seines Geistes über das endzeitliche Israel aus. Bei der Schilderung der Pfingstereignisse zitiert Lukas die bekannte Stelle aus dem Propheten Joel (3, 1–5): „In den letzten Tagen wird es geschehen, so spricht Gott: Ich werde von meinem Geist ausgießen über alles Fleisch. Eure Söhne und Töchter werden Propheten sein, eure jungen Männer werden Visionen haben, und eure Alten werden Träume haben. Auch über meine Knechte und Mägde werde ich von meinem Geist ausgießen in jenen Tagen, und sie werden Propheten sein . . ." (Apg 2, 17 f.). Das Selbstverständnis der Urkirche ist vom Bewußtsein der Gegenwart des Geistes in ihrer Mitte geprägt.[63] Diese Geisterfahrung vertiefte das von Jesus grundgelegte Bewußtsein: „Jetzt geschieht die endzeitliche Erfüllung", jetzt sammelt Gott sein wahres Volk.[64]

Lebensgemeinschaft mit Christus im Heiligen Geist

Die Mitteilung des Geistes gewährt Gemeinschaft mit Jesus. Diese Lebensgemeinschaft ist nicht etwas rein „Geistiges, das sich in Stimmungen verflüchtigt oder gar als ‚reiner Geist' über unserem Wirklichkeitsbewußtsein schwebt. Geist ist *Leben.*" Nur wenn wir verstehen, was „Leben" ist, können wir auch die Kraft des Geistes ermessen.[65] Nach Walter KASPER stellt der Geist die Verbindung her zwischen dem Christusereignis damals und in unserer Zeit. Es ist Aufgabe der Kirche, offen zu sein für die sie übersteigende Wirklichkeit des Geistes.[66] Die Kirche braucht Mut, sich immer wieder auf die Herausforderungen durch den Heiligen Geist einzulassen. Für den einzelnen heißt es: Wer daran glaubt, daß der Geist Gottes in der konkreten Gemeinde wirkt, wird sich auf sie einlassen, auch wenn er weiß, daß die Gemeinde das Ganze oft nur bruchstückhaft realisieren kann.

Kirche – Gemeinde vor dem Anspruch des Geistes

Kirche und Gemeinde müssen sich immer wieder der Kritik des Geistes aussetzen. Im 1. Petrusbrief heißt es, das göttliche Gericht beginne „beim Haus Gottes", bei der Kirche (4, 17). Dieses „Gericht" hilft zwischen den Taten zu unterscheiden, die aus dem Heiligen Geist kommen und jenen, hinter denen nur menschlicher Geist steht.

Keiner kann sagen: „Jesus ist der Herr, wenn er nicht aus dem Heiligen Geist redet", schreibt Paulus. Über Jesus reden heute viele. „Ihn als Herrn bekennen und ihn dadurch zum Herrn werden lassen, das kann nur der, den der Geist beherrscht."[67] Er garantiert letztlich das Zusammenwirken aller „geistbegabten" Träger der Sendung der Kirche.

e) Kirche auf dem Fundament der Apostel

Nach dem Zeugnis des Neuen Testaments gibt es keine Kirche ohne den Zusammenhang mit den Aposteln, wie immer sich auch der „Apostelbegriff" gewandelt haben mag. Für Paulus, Lukas und Johannes sind die Apostel deshalb so *fundamental* für die Kirche, weil sie die „Zeugen des Auferstandenen" sind. Als solche wurden sie die ersten und grundlegenden Empfänger und

Träger des zum Dienst des Evangeliums bevollmächtigenden Geistes. Durch die Apostel ist die Kirche „äußerlich und innerlich fundiert" und in ihrem Wesen seitdem davon bestimmt. Die Kirche des Neuen Testaments lebt als Kirche Gottes, Jesu Christi und des Heiligen Geistes von den Aposteln her und deshalb im ständigen Rückgriff auf sie. In diesem Zusammenhang ist es notwendig, den Kreis der „Jünger" zu erwähnen. Sie sind gleichsam eine „verhüllte Vorausdarstellung der Kirche". Aus ihrer Gemeinschaft erwächst im Licht von Kreuz und Auferstehung die Kirche.[68]

Der Herr führt sein sammelndes und einheitsstiftendes Wirken durch berufene und bevollmächtigte Jünger weiter. Zur „Apostolizität" der Kirche gehört, daß der Herr für die ganze Zeit der „Kirche" in den Nachfolgern der Apostel durch seinen Geist am Werk ist.

Durch die Struktur des auf Berufung, Ermächtigung und Indienstnahme durch Jesus Christus gründenden apostolischen Amtes wird deutlich, „daß sich die Gemeinschaft der Glaubenden niemals selbst genügen kann: sie verfügt nicht über das Wort, so daß sie sich nach eigenem Gutdünken Lehrer aussuchen könnte (vgl. 2 Tim 4, 3 f.); sie verfügt nicht über die Sakramente, so daß sie diese jederzeit, wenn sie nur will, zu feiern vermöchte; sie verfügt nicht über ihre Ordnung, so daß sie sich enthusiastisch über sie hinwegzusetzen imstande wäre". In der Unterscheidung zwischen dem amtlich-sakramentalen Handeln und dem jeweiligen existentiell gelebten Vollzug erscheint „die Grunddifferenz, in welcher die Kirche ihr Wesen hat: sie ist Ekklesia, von Gott aus Gnaden zusammengerufen, sie hat ihren Grund außerhalb ihrer selbst in Jesus Christus".[69]

Konkret bedeutet dies auch, daß keine Gemeinde für sich allein Kirche ist. Sie ist notwendig an die Gesamtkirche zurückgebunden und bleibt somit nicht ihrem eigenen Belieben überlassen.

f) Kirche als Sakrament

Die Kirche als Ganzes ist ein „Heils-Zeichen", das dem Menschen das Geheimnis Gottes in menschlich erfahrbarer Weise nahebringt und verstehbar macht. Das Zweite Vatikanische Konzil betont den Aspekt der *Sakramentalität* der Kirche. In Nr. 1 der Kirchenkonstitution heißt es dazu: „Die Kirche ist . . . in Christus gleichsam das Sakrament, das heißt Zeichen und Werkzeug für die innigste Vereinigung mit Gott wie für die Einheit der ganzen Menschheit."

Das gewisse Zögern in der Formulierung: Die Kirche ist „gleichsam das Sakrament" wird verständlich, wenn man bedenkt, daß der Ausdruck „Kirche als Sakrament" bis in jüngste Zeit eher ungewohnt war. Die Bezeichnung ist vor allem von der ursprünglichen Bedeutung des Wortes „sacramentum" bzw. „mysterium" zu erschließen. Es geht um die Entfaltung jener Heilsdimension, die in der Kirche grundgelegt ist. Zum Verständnis des hier verwendeten Sakramentenbegriffs kann eine weitere Stelle aus der Kirchenkonstitution beitragen: „Wie nämlich die angenommene Natur [damit ist das Menschsein Jesu gemeint] dem göttlichen Wort als lebendiges, ihm unlöslich geeintes Heilsorgan dient, so dient auf eine ganz ähnliche Weise das gesellschaftliche Gefüge der Kirche dem Geist Christi, der es belebt, zum Wachstum seines Leibes." (Vgl. Eph 4, 16)[70]

Theodor SCHNEIDER unterstreicht die Analogie zwischen dem Geheimnis der Inkarnation und dem Geheimnis der Kirche. Er schreibt darüber: „Der Mensch Jesus ist dem göttlichen Wort geeint . . . Ähnlich sind auch in der Kirche die göttliche Wirklichkeit – nämlich der Heilige Geist Gottes und Christi – und die menschliche Wirklichkeit – nämlich das soziale Gefüge der Kirche – zu einer komplexen Wirklichkeit zusammengewachsen."[71]

Kirche als Sakrament Jesu Christi

Die sakramentale Wirklichkeit der Kirche ist nur von Jesus Christus und seinem Geist her zugänglich und verstehbar. Durch seinen Geist hat der Auferstandene die Kirche „zum allumfassenden Sakrament des Heils" gemacht.[72]

In diesem Zusammenhang soll auf die Verwendung der beiden Begriffe „Ursakrament" und „Grundsakrament" in der Sakramententheologie hingewiesen werden. In der theologischen Literatur herrscht weitgehend Übereinstimmung darüber, von Jesus Christus als dem „Ursakrament" und von der Kirche als dem „Grundsakrament" oder „Wurzelsakrament" zu sprechen. Ausgangspunkt dieser Überlegungen bildet die Feststellung, daß das *Christusereignis* die Manifestation des Wirkens Gottes ist. Das Christusereignis macht den Menschen die Weise und die

Gestalt der Nähe Gottes offenkundig. Darunter wird das Leben, Wirken, Sterben und die Auferstehung Jesu Christi und damit das Handeln Gottes an Jesus Christus verstanden. Mitgesehen wird auch die Geistsendung. Somit ist der Ausdruck „Christusereignis“ eine Kurzformel für das, was Gott in Jesus Christus an den Menschen getan hat. Die Kirche wird in diesem Zusammenhang als die geschichtliche Ausfaltung, als die Konkretisierung dieses Ursakramentes gesehen. Daraus wird deutlich, das Innerste und Eigenste der Kirche ist nicht eine Heilslehre, eine Institution oder ein Ritus, sondern eine Person: Jesus Christus. Aufgabe der Kirche ist es, Jesus Christus zu vergegenwärtigen. Bei dieser Vergegenwärtigung ist die Kirche das vermittelnde Zeichen des erhöhten, durch seinen Geist gegenwärtigen und wirkenden Herrn.

Kirche als Sakrament des Geistes

Diese Betrachtungsweise ist auch in der Theologie ziemlich neu. Wie bereits angedeutet, kann sie dazu verhelfen, die Spannung zwischen dem Heilsereignis in Jesus Christus und seiner Verständlichmachung in der jeweiligen Gegenwart zu verdeutlichen.[73]

Aufgabe der Kirche ist es, die Welt mit dem Geist der Liebe zu erfüllen. Eine wirklich geistliche Durchdringung der Welt ist jedoch nur dem möglich, der sich auf die „innerste Haltung Jesu, auf seine Gemeinschaft mit dem Vater und seinen Dienst für die vielen“, einläßt. Letztlich bedeutet diese Haltung, „in der Nachfolge Jesu ‚Armut im Geiste‘“ (Mt 5, 3) zu üben.[74]

Wenn von der Kirche als einem „Sakrament des Geistes“ gesprochen wird, gehört dazu auch, daß die Kirche es wagt, sich auf Neues, nicht Planbares, nicht Machbares einzulassen, sich in konkreten Anforderungen vom Geist Gottes leiten zu lassen. Wer daran glaubt, daß Gottes Geist in dieser Welt wirkt, ist davon überzeugt, daß er auch in der Kirche und in ihren Strukturen am Werk ist. Das bedeutet für den einzelnen, daß er sich hineinnehmen läßt in die größere Einheit der Kirche, aber auch in die konkrete Gemeinschaft der Glaubenden als „Gemeinde des Gekreuzigten“.[75]

Die Kirche ist stets „Ort des Geistes“, auch wenn sie im Wandel begriffen ist, ja sogar über ihre Richtung selbst nicht Bescheid weiß. Mag mancher an der Kirche, an einer bestimmten Gemeinde menschliche und christliche Reife vermissen und deshalb an der Kirche und an dieser Gemeinde leiden, sie bleibt dennoch „Zeichen“ und „Geheimnis“ des Geistes.

Kirche als Sakrament des Heiles

Insofern die Kirche die Konkretisierung des „Ursakramentes Jesus Christus“ ist, kann sie ein „Sakrament des Heiles“ genannt werden, und zwar in zweifacher Richtung: Einerseits ist die Kirche Zeichen des bereits geschenkten Heils. Auf der anderen Seite ist sie auch ein auf die Gegenwart gerichtetes Zeichen des Heiles für die Welt.

Dieser Aspekt: „Kirche für die Welt“ fand in der Pastoralkonstitution des II. Vatikanums programmatischen Ausdruck. Die Verbindung der Kirche zur Menschheit wird darin so beschrieben: „Freude und Hoffnung, Trauer und Angst der Menschen von heute, besonders der Armen und Bedrängten aller Art, sind auch Freude und Hoffnung, Trauer und Angst der Jünger Christi. Und es gibt nichts wahrhaft Menschliches, das nicht in ihren Herzen seinen Widerhall fände. Ist doch ihre eigene Gemeinschaft aus Menschen gebildet, die in Christus geeint, vom Heiligen Geist auf ihrer Pilgerschaft zum Reich des Vaters geleitet werden und eine Heilsbotschaft empfangen haben, die allen auszurichten ist. Darum erfährt diese Gemeinschaft sich mit der Menschheit und ihrer Geschichte wirklich engstens verbunden.“[76]

Die Kirche braucht noch lange, um nachzuvollziehen, was hier als Programm formuliert wurde: Kirche als eine Gemeinschaft, die Sorge trägt für das Heil der Menschen in dieser konkreten Welt und Zeit. Die in diesem Text angesprochenen Aufgaben verwirklicht die Kirche, indem sie Jesus Christus als das „alle Menschen umgreifende, niemand ausschließende, jeden einzelnen und die menschliche Gemeinschaft im ganzen zutiefst erfüllende und heilende Heil verkündet“.[77] Dieses Heil schließt keinen aus, es geht jeden einzelnen, aber auch die ganze Menschheit an. Freilich wird die Kirche nur dann zum Zeichen des Heiles in dieser Welt, wenn sie es wagt, sich auf die Sehnsucht der Menschen nach Heil einzulassen, im Hinhören und Eingehen auf die wirklichen Leiden der Menschen. Das setzt von seiten der Kirche das Miterleben und Miterleiden der heillosen Situation der Menschen voraus.

Wie sich die Heilsdimension der Kirche für den einzelnen verwirklichen läßt, muß vor allem bei der Verwirklichung der christlichen Diakonie in der Gemeinde überlegt werden.

2. Die Verwirklichung der Kirche in der Gemeinde

Gilt das, was von der Kirche gesagt werden kann, auch für die Gemeinde? Ist auch sie eine sakramentale Wirklichkeit? Wenn die Gemeinde „Kirche Gottes" ist, haben die theologischen Aussagen von der *Kirche* auch für die *Gemeinde* Gültigkeit.

Auf Anregung des damaligen Fuldaer Weihbischofs SCHICK nennt das II. Vatikanum auch die einzelnen Gemeinden „Kirche Gottes". In Artikel 28 der Kirchenkonstitution heißt es, daß die Priester ihrer Gemeinde so vorstehen sollen, daß diese „Ortsgemeinde" („communitas localis") „zu Recht mit jenem Namen benannt werden kann, der die Auszeichnung des einen und ganzen Gottesvolkes ist: Kirche Gottes (vgl. 1 Kor 1, 2; 2 Kor 1, 1 u. ö.)". An anderer Stelle wird gesagt, daß in den Gemeinden die Kirche Gottes „anwesend" ist. „Die Kirche Christi ist wahrhaft in allen rechtmäßigen Ortsgemeinschaften der Gläubigen anwesend, die in Verbundenheit mit ihren Hirten im Neuen Testament auch selbst Kirchen heißen."[78] Gemeinde ist mehr als eine verwaltungstechnische „Filiale" der Gesamtkirche; sie konkretisiert und aktualisiert die „Kirche am Ort".[79]

Schon in den ersten Ansätzen einer Theologie der Pfarrei ist davon die Rede, daß die Pfarrei eine *Glaubens-* und eine *Liebesgemeinschaft* ist, nicht bloß eine „kirchenrechtliche Einrichtung".[80]

a) *Gemeinde ist nicht einfach ein „Verwaltungsbereich" der Kirche*

Im Zusammenhang der Diskussion über den Gemeindebegriff wurde bei der Würzburger Synode darauf hingewiesen, der Begriff „Gemeinde" gelte nicht ausschließlich dem „Ereignis Gemeinde" und die Bezeichnung „Pfarrei" der „Institution".[81] Eine territoriale Pfarrgemeinde sei nicht bloß ein „Verwaltungsbereich". Das wäre eine rein *soziologische* Betrachtungsweise der Gemeinde. Demgegenüber betonte Franz Xaver ARNOLD schon 1955 in seinen Überlegungen „Zur Theologie der Pfarrei": Diese „hat teil an der Geisterfülltheit und Christusdurchwirktheit der Gesamtkirche, wenn auch in Unterordnung und Abhängigkeit von dieser. In ihr ist Christus zugegen: ‚Wo zwei oder drei in meinem Namen versammelt sind, da bin ich mitten unter ihnen.'" (Mt 18, 19)[82]

Zur Weckung eines solchen Bewußtseins bei den Mitgliedern der Gemeinde ist noch viel zu tun. Es wird noch lange dauern, bis der Durchschnittschrist verstehen wird, daß Kirche nicht in erster Linie „die mächtige Großorganisation" ist, sondern dort verwirklicht wird, „wo der Altar des Wortes, des Sakramentes und der Bruderliebe steht".[83] In den einzelnen Gemeinden, „auch wenn sie oft klein und arm sind oder in der Diaspora leben, ist Christus gegenwärtig".[84]

„Gemeinde" ist nicht einfach „Kirche"

Auch wenn sich die Kirche vor allem in Gemeinden verwirklicht, kann man dennoch die einzelne Gemeinde nicht schlechthin mit Kirche gleichsetzen. Es gibt spezifische Charakteristika, die jeweils nur der Gemeinde oder jeweils nur der ganzen Kirche zukommen. Wenn das II. Vatikanum z. B. vom unfehlbaren Glaubenssinn der Kirche spricht, gilt dies nicht für die einzelne Gemeinde. Andererseits kann man die *konkrete* Orthaftigkeit und die Leitung der Gemeinde durch einen Priester nicht auf die Gesamtkirche übertragen.[85]

Deshalb entspricht die unterschiedliche Übersetzung des neutestamentlichen Ekklesia-Begriffs mit „Kirche" und „Gemeinde" der Differenzierung der einen Wirklichkeit Kirche in „Weltkirche", „bischöfliche Ortskirche", die verschiedenen Formen der „pfarrlichen Ortsgemeinde" und die „eucharistische Versammlung als konzentrierteste Ausprägung konkret gelebter Kirche" treffend dem biblischen und dem pastoralen Befund.[86]

KLOSTERMANN hat den Vorschlag gemacht, von „Gemeinde" im Vollsinn nur dort zu sprechen, wo die drei Grundfunktionen der neutestamentlichen Ekklesia: Verkündigung, Liturgie und Bruderdienst „unmittelbar und auf Dauer" vollzogen werden. Für die kleineren Gemeinschaften, in der diese Grundfunktionen nur vorübergehend oder nur teilweise ausgeübt werden, sollte man die Bezeichnung „Gruppe" verwenden.[87]

Kirche nur als Gemeinde?

In den einleitenden Überlegungen zum zweiten Kapitel wurde bereits darauf hingewiesen, daß sich für eine Reihe von Theologen die Kirche in der Gemeinde verwirklicht.[88] So schreibt u. a. Gerhard LOHFINK im Vorwort zu seinem Buch „Wie hat Jesus Gemeinde gewollt?“[89]: „Was wir heute Kirche nennen, ist nichts anderes als die Gemeinschaft derer, die bereit sind, in dem von Jesus gesammelten und durch seinen Tod geheiligten Volk Gottes zu leben.“[90] Nach der Ansicht der Autoren des Bändchens „Die Gemeinde“ hat Jesus aus der großen Volksmenge seine „Gemeinde“ gebildet und einen „Kreis von Jüngern“ gesammelt, um sie „in ein persönliches Verhältnis“, in eine „Schicksalsgemeinschaft mit ihm“ zu berufen.[91] „So entstand Gemeinde der ihm Nachfolgenden, an ihn Glaubenden. Aus diesem Kreis wählte er die Zwölf, die er aussandte in Kraft und Vollmacht; auf Petrus, den ersten der Zwölf, baute er, wie auf einen Fels, seine Israel-Gottesgemeinde. Dieser Gemeinde verhieß er seinen Geist als Geist der Einheit, der sie zur Brudergemeinde zusammenbinden sollte, aber auch als Geist der Wahrheit, als Beistand und Bezeuger seiner Gegenwart bis zu seiner Parusie. Ihr stiftete er ein einzigartiges Gedächtnismahl für seinen Tod und seine Auferstehung, das sie auch als sichtbare Mahlgemeinde zusammenhalten sollte bis zur Erfüllung im Reiche Gottes (vgl. Lk 22, 16). Dieser Gemeinde vermachte er das Reich. Sie hat Anteil am Neuen Bund in seinem Blut (1 Kor 11, 25), das Neue Israel, das „aus jedem Stamm und jeder Sprache, jedem Volk und jedem Geschlecht“ kommt und welches das Lamm „zu einem Königtum gemacht hat und zu Priestern für unseren Gott, daß sie herrschen über die Erde“ (Offb 5, 9 f.). So sollte diese Gemeinde offenkundig Gemeinde in die Zukunft hinein, ja bis in die Eschata hinein sein. Tatsächlich sammelte sich diese Gemeinde aufgrund der österlichen und pfingstlichen Ereignisse immer wieder und verstand sich als gegründet von Jesus.“[92]

Die Wiedergabe dieses Zitats veranschaulicht, wie die Verfasser den „Gemeindecharakter“ der Kirche verstehen. Sie finden ihn neben dem „Ekklesia-Ausdruck“ auch in den anderen neutestamentlichen Namen und Bildern wiedergegeben. Auch diese Bezeichnungen „ ‚Volk Gottes‘, ‚Leib und Braut Christi‘, eschatologische ‚Mahlgemeinde‘, eschatologisches ‚Zelt‘,

‚Haus' und ‚Jerusalem'"[93] zeigen nach Auffassung der Verfasser, daß der neutestamentlichen Offenbarung eine Vorstellung von Kirche entspricht, „die sich in Gemeinde konkretisiert".[94]

Bei aller Berechtigung der Betonung des Gemeinschaftscharakters der Kirche erhebt sich allerdings die Frage, ob die einseitige Herausstellung der *Gemeinde* nicht die Gefahr der völligen Einebnung des spezifischen Wesens der *Kirche* hervorruft? In letzter Konsequenz könnte die undifferenzierte Gleichsetzung von „Kirche als Gemeinde" zur völligen Aufgabe, wenn nicht Abschaffung des Begriffs „Kirche" führen. Hinter dem differenzierten Gebrauch des Ekklesia-Namens im Neuen Testament steckt doch wohl auch die Erfahrung, daß die Entfaltung der Kirche zu einer inneren Differenzierung in verschieden strukturierte Gemeinschaftsformen führen mußte.[95]

b) Der besondere Beitrag einzelner Gemeinden für die Kirche

Wie es nach Paulus in den Gemeinden verschiedene Glieder mit verschiedenen Aufgaben und Diensten gibt (vgl. bes. 1 Kor 12), übernehmen und erfüllen die einzelnen Formen von Gemeinde in der Kirche ebenfalls verschiedene Aufgaben. In diesem Zusammenhang ist u. a. auch an Krankenhaus- und Hochschulgemeinden zu denken. Manche Gemeinden entfalten im Strahlungsbereich einer Ordensgemeinschaft eine große Lebendigkeit.

Aber auch die verschiedenen Formen von Pfarrgemeinden dienen dem Ganzen der Kirche – eher „progressive" Gemeinden genauso wie mehr „konservative". Es muß Gemeinden geben, die neue Wege zu gehen suchen, die sich der Auseinandersetzung mit den unterschiedlichen Zeitströmungen stellen. Daneben wird es immer Gemeinden geben, die sich besonders um die Wahrung der Tradition bemühen. Auch wenn nicht jede Form von Gemeinde von vornherein gelingt, bedarf die Kirche einer Vielfalt an Gemeinden, ist der ständige Dialog zwischen den Gemeinden notwendig.

Diese Vielfalt an Gemeindeformen hat freilich dort ihre Grenzen, wo die eigene Gemeindevorstellung absolut gesetzt wird, wo gesagt wird, nur unser Gemeindekonzept ist das gültige, nur unsere Vorstellung von Gemeinde ist theologisch richtig. Die einzelne Gemeinde lebt vom Zeugnis der anderen, deshalb soll sie auch darauf hören.

3. Strukturelemente von Gemeinde

a) Communio als Wesenselement

Wenn in jeder Gemeinde die Kirche „anwesend“ ist, entsteht dadurch gleichzeitig eine wesensnotwendige Verbindung der Einzelgemeinde mit der Gesamtkirche. Diese „Communio“ (griechisch „Koinonia“) der Einzelkirchen untereinander bzw. mit der Gesamtkirche ist ein konstitutives Element für die einzelne Gemeinde. Die Gesamtkirche entsteht nicht erst durch den nachträglichen Zusammenschluß; sie ist nicht etwa ein bloßer „Dachverband“.[96] Walter KASPER schreibt: „Einzelkirche und Gesamtkirche sind gleich ursprünglich. Die Gesamtkirche realisiert sich in Einzelkirchen, und die Einzelkirchen sind nur dadurch Kirchen, daß sie miteinander Communio haben.“[97] „Communio“ ist in dreifacher Richtung zu verwirklichen:

Communio zwischen den Gemeinden

Die Gemeinschaft zwischen den Gemeinden in der Kirche bestand zur Zeit des Neuen Testaments nicht nur in einer geistigen Einheit: in dem einen Glauben, in der einen Taufe, dem einen Herrn und dem einen Heiligen Geist, sondern drückte sich aus in der Gastfreundschaft und in der Absprache über grundsätzliche Fragen des kirchlichen Lebens. Dazu gehörte vor allem das stellvertretende Gebet füreinander; am „dichtesten“ kam es durch das gegenseitige Gedenken bei der „Herrenfeier“ zum Ausdruck. Die Verbundenheit in der einen Eucharistie ist auch heute die grundlegendste Form der kirchlichen Communio.

Communio mit der Gesamtkirche

Die einzelnen Gemeinden stehen nicht nur untereinander, sondern über die Bischofskirche auch mit der Kirche von Rom in Verbindung. So sind die Gemeinden und die Weltkirche aufeinander bezogen: Die Gemeinden müssen offen sein für die Weltkirche; die Weltkirche muß offen sein für die Gemeinden.

Kommt es nicht immer wieder vor, daß die Kirche als „Institution“ und „Organisation“ an dem vorbeiagiert, was einen Pfarrer und seine Gemeinde bedrängt? Mancher Pfarrer stöhnt über die Aussendungen der bischöflichen Ämter, die über seinen

Kopf hinweg planen. Mancher Pfarrgemeinderat stöhnt: „Die da oben wissen ja nicht, welche Sorgen wir haben."

In den Gemeinden beteuert man zwar immer wieder: „Uns gehen die Christen und die Menschen in anderen Regionen der Welt etwas an. Wir gehören als Weltkirche zusammen." Wenn es jedoch um Papstschreiben – oder Hirtenbriefe des Bischofs – geht, sagen viele: „Das ist nicht unsere ‚Wellenlänge', die wir in unserer Gemeinde brauchen." So bleiben Sammlungen für Anliegen der Diözese und der Weltkirche oft das einzige Element, das von der Weltkirche in die Gemeinde hineinreicht.

Glaubensgemeinschaft in der Gemeinde

Die Gemeinde ist der Schnittpunkt, an dem sich der persönliche Glaube und der Glaube der Kirche begegnen. Die Gemeinde ermöglicht die Betätigung des persönlichen Glaubens und vermittelt zugleich den „kirchlichen Glauben" als Glauben der Gemeinschaft der Kirche. Somit ist die Gemeinde jener Raum, in dem der Glaube des einzelnen in die Dimension der Kirche und in die gemeinsame Verantwortung einbezogen wird. Die Gemeinde „am Ort" gewährleistet, daß Menschen aller Schichten, aller gesellschaftlichen Gruppen zusammen ihren Glauben leben. In der Gemeinde gibt es Arme und Reiche, gebildete und einfache Menschen. Eine *Ortsgemeinde* bringt zum Ausdruck, daß die Kirche Versöhnung und Einheit stiften kann. Wenn das Glaubenlernen und -können auf die zwischenmenschliche Vermittlung, auf Lebensgemeinschaft angewiesen ist, ist es Ausdruck der Zusammengehörigkeit im Glauben, wenn der Christ auch Glaubensaustausch pflegt mit den Menschen, die mit ihm auf dem gleichen Stockwerk wohnen, im gleichen Haus, im gleichen Ortsgebiet. Darum stellt – neben der großen Bandbreite der Verwirklichungsformen von Gemeinde – gerade auch der Ort, an dem der Christ wohnt, eine Herausforderung dar.

b) Die Herausforderung der „Orthaftigkeit"

Ein großer Teil unserer Gemeinden besteht aus Pfarreien, bei denen das *Pfarrgebiet* nahezu deckungsgleich ist mit dem Wohngebiet. Häufig stimmt die Struktur der kommunalen Raumgliederung nach wie vor mit der Einteilung in Kirchengemeinden überein.

Auch wenn sich das Leben vieler Menschen nicht mehr ausschließlich nach den Gesichtspunkten der örtlichen Nähe, der gleichartigen Interessen, der Bekanntschaft, der Zugehörigkeit zu einer bestimmten sozialen Schicht richtet, sollen doch die Chancen – nicht nur die Grenzen! – der Ortsgemeinde neu gesehen und bedacht werden. Durch die Gliederung der Kirche in Ortsgemeinden wird gewährleistet, daß es für jeden Christen eine Gemeinde gibt, die für ihn zuständig und verantwortlich ist. An diese Gemeinde kann sich der einzelne wenden, wenn er Kontakt zur Kirche sucht.

Die Strukturierung der Kirche in „Gemeinden am Ort" bringt zum Ausdruck, daß die Kirche nicht durch den Zusammenschluß von Menschen – oder gar durch die Bildung von Sympathiegemeinschaften – entsteht, sondern als „Kirche Gottes" eine Gegebenheit ist, die der einzelne vorfindet. Es gibt die „Objektivität der Ortsgemeinde", die die Garantie dafür bietet, daß Menschen aller Gruppen und Schichten in der Kirche zusammenkommen. Wenn es nur nach reiner „Sympathie" ginge, würden viele in unseren Gemeinden sicher nicht berücksichtigt werden; an viele würde niemand denken, für viele würde sich niemand verantwortlich wissen. Die „Orthaftigkeit" der Kirche in der Gemeinde ermöglicht es jedem Christen, daß er von sich aus auf die Gemeinde zugeht, in die er hineinkommt, wenn er z. B. aus persönlichen Gründen seine Wohnung verlegt. Als erlebbare Kirche am Ort ist die Gemeinde jener Raum, in dem sich das Leben aus dem Glauben entfalten kann.

Mit dem Charakter der Kirche als „Ortskirche", als „Ortsgemeinde" ist auch die Gefahr verbunden, daß sich die Gemeinde am Ort zu sehr „festsetzt", sich an einen bestimmten Ort „fixieren" läßt. Hans Urs von BALTHASAR sieht dies unter dem Gesichtspunkt des nach weltlichen Maßstäben nicht aufzurechnenden „Paradoxons" der „Nachfolge Jesu Christi": Er kommt in diese Welt, verläßt sie wieder (Joh 16, 28) und bleibt dennoch bis ans Ende bei ihr (Mt 18, 20). In seinem Hinübergang (Pascha) schenkt Christus in der Eucharistie der Gemeinde im Geheimnis von Tod und Auferweckung seine bleibende Nähe.[98] Im 1. Korintherbrief schreibt Paulus: „Wir sind heimatlos" (4, 11); und im Philipperbrief betont der Apostel: „Unsere Heimat . . . ist im Himmel" (3, 20).

Wenn diese Aussagen auf die Gemeinde angewandt werden, ergibt sich daraus auch jene „heilsame" Distanz zu den Gegebenheiten der jeweiligen Zeit, die den Blick auf die endgültige Heimat offenhält. Solche Gedanken sind sowohl für den Pfarrer als auch für manche Gemeindemitglieder wichtig: Bin ich zu sehr an einen Ort ,,festgebannt"? Lasse ich mich zu sehr von den Eigengesetzlichkeiten einer Gemeinde in Beschlag nehmen?

c) Die Verwirklichung der kirchlichen Grundaufgaben in der Gemeinde

Das Zweite Vatikanische Konzil spricht von den ,,Grundvollzügen des kirchlichen Lebens" und versteht darunter die Verkündigung des Wortes Gottes, die Feier der Liturgie – vor allem der Eucharistie und der Sakramente – und die christliche Diakonie bzw. den Bruderdienst.[99] Diese Grundvollzüge der Kirche werden für den einzelnen in der Gemeinde erfahrbar: Hier wird das Wort Gottes verkündet, wird die Eucharistie gefeiert, werden die Sakramente gespendet, müht man sich um die Erfüllung des Liebesgebotes (u. a. Joh 13, 34 f.; 15, 12).

Das Zeugnis vom Christusereignis: die Verkündigung

Mit dem Begriff ,,Verkündigung" ist an dieser Stelle etwas Umfassendes gemeint: nicht nur die Predigt, die Katechese, der Religionsunterricht durch die jeweils dazu kirchlich beauftragten Zeugen, sondern auch alle anderen Weisen, in denen das ,,Zeugnis vom Christusereignis" weitergegeben wird. Deshalb gehören zur Verkündigung auch die Feier der Eucharistie ,,als Quelle und Höhepunkt aller Evangelisation" und der Bruderdienst, durch den die Gemeinde auferbaut wird.[100] Im eigentlichen Sinn der *Wortverkündigung* gehören zu dieser Aufgabe der Bezeugung des Christusereignisses alle Vorgänge in einer Gemeinde aus dem Bereich der kirchlichen Erwachsenenbildung, auch die vielen Gesprächskreise und Einzelgespräche, die auf die konkreten Lebensverhältnisse aus der Perspektive des Evangeliums eingehen und Licht bringen ins Leben.

Wenn es darum geht, durch das lebendige Zeugnis zu zeigen, daß die christliche Botschaft auch für die Fragen der heutigen Zeit Wahrheit, Licht und Leben ist, sind zu diesem Austausch der eigenen Überzeugung alle Mitglieder der Gemeinde aufgerufen. Aus den Sakramenten Taufe und Firmung haben alle die Berufung und Sendung, Zeugen Christi in der Welt zu sein. Deshalb ist für die Verkündigung im oben genannten Sinn neben den amtlich Beauftragten die ganze Gemeinde verantwortlich.

Zeichen des Heiles für die Welt: die Feier der Liturgie

Neben der Verkündigung ist besonders die Feier der Eucharistie und der Sakramente ,,Quelle" und ,,Höhepunkt" des Lebens der christlichen Gemeinde.[101]

In der Feier der Eucharistie wird deutlich, daß die ganze Gemeinde hineingenommen ist in das Geheimnis des Todes und der Auferstehung ihres Herrn, und daß sie dadurch selbst zum Zeichen (= ,,Sakrament") des Heiles für die Welt wird. Die Feier des Gottesdienstes ist die zentrale Lebensfunktion der Gemeinde: In ihr konkretisiert sich das Handeln Gottes an der Welt, an der Gemeinde und am einzelnen. Der Gottesdienst der Gemeinde ist jene Stelle, an der sich der einzelne in den schwierigen Situationen seines Lebens nicht als alleingelassen erfährt, sondern die Gewißheit erhält, daß die Kirche gerade an den ,,Knotenpunkten" des Lebens das in Jesus Christus geschenkte Heil neu gegenwärtig sein läßt. So wird den Teilnehmern an der gottesdienstlichen Feier bewußt: Wir leben von der Hingabe Jesu. Im Gottesdienst erhalten wir Anteil am Leben des gekreuzigten und auferweckten Herrn.

Eine christliche Grundhaltung, die sich nicht am Haben und Besitzen, sondern am Verschenken, Teilgeben und Teilnehmen orientiert, könnte über die Liturgiefeier neue Möglichkeiten des Lebens der Gemeinde eröffnen. Es wäre Aufgabe der liturgischen Erziehung in der Gemeinde, die Innenseite der gottesdienstlichen Feier existentiell ins Bewußtsein zu heben: Die Gemeinde lebt aus dem stellvertretenden Erlösungstod Jesu Christi, aus dem Geheimnis des Weizenkorns, das in die Erde fällt und so Frucht bringt: ,,Leib für euch – Blut für euch."

Das Zeugnis der gelebten Liebe: die Diakonie

Die durch den Dienst am Wort verkündete und in der liturgischen Feier erfahrene Liebe Jesu Christi, seine Sorge um den Menschen, sein Dasein für die anderen werden durch das Zeugnis einer für die anderen gelebten Existenz glaubwürdig. Die Verkündigung und der Gottesdienst werden in der Gemeinde zur Sendung in die konkrete Not der Menschen. Eine Gemeinde lebt nicht ohne den Bruderdienst. Sie „müßte in besonderer Weise eine Zone der Menschlichkeit sein, ein Ort brüderlicher Aufgeschlossenheit, des gegenseitigen Ertragens und der unverdrossenen Annahme des einen durch den anderen“.[102]

Die gelebte Diakonie ist eine bleibende Grundfunktion der Gemeinde. Ihre Formen können wechseln und sich wandeln, wie es einen Wandel der menschlichen Nöte gibt. Im Alltag einer Gemeinde gibt es viel unauffällige Not: seelisch Kranke, einsam Trauernde, gescheiterte Existenzen, solche, die am Zerbrechen ihrer Ehe leiden, auch solche, die mit der pastoralen Praxis der Gemeinde nicht zurechtkommen.

In der dienenden Gesinnung der Fußwaschung werden die Dienenden und die der Hilfe Bedürftigen im Geiste Jesu eine liebende Gemeinschaft, werden sie füreinander zum Zeichen der Gegenwart Christi.[103] Deshalb darf eine christliche Gemeinde die Sorge um die Notleidenden nicht nur an Institutionen abschieben, so sehr Caritas und Diakonie regelmäßig auch durch organisierte Hilfe vermittelt werden.

d) Der besondere Auftrag von „Amt“ und „Dienst“

Zum Aufbau der Gemeinde und zur Einigung der Christen zum Miteinander im Glauben gehört ursprünglich der Dienst des kirchlichen Amtes. Es hält die verschiedenen Dienste und Charismen in der Gemeinde zusammen. Die Glaubenden müssen sich das Evangelium „von außen“ sagen lassen, so sehr es aufgrund der für alle gleichen Berufung durch Taufe und Firmung das gemeinsame Priestertum aller Gläubigen gibt.[104]

Paulus bringt Ursprung und Auftrag des Amtes in 2 Kor 5, 18–20 auf die Formel von dem von Jesus Christus begründeten und in seinem Namen vollzogenen „Dienst der Versöhnung“.[105] Damit ist gesagt, daß der Dienst des kirchlichen Amtes nicht bloß eine „organisatorische Funktion, sondern ein geistlicher Dienst“ ist, zu dem der Geist Jesu Christi befähigt. Das bedeutet, daß das Amt nicht von der Basis, d. h. aus der Gemeinde abgeleitet werden kann. „Leitung“, besonders „Sammlung“ und „Einigung“ der Gemeinde können „nur von Christus her und auf ihn hin geschehen“. Zu diesem Dienst bedarf es der Legitimation, die in der Ermächtigung und Sendung durch Jesus Christus gründet. Von daher erhält das Amt auch seine Autorität.[106]

Deshalb ist das kirchliche Amt nur dort sinnvoll und entspricht dem Evangelium, wo es aus der „Communio“ der von Gott begründeten Gemeinschaft der Kirche herauswächst und so Gemeinschaft schafft, daß die Gläubigen im Amt die Christuswirklichkeit und das Wirken des Heiligen Geistes zu erkennen vermögen. *Christologisch* ist der Dienst des Amtes dazu bestimmt, „Gestalt und Werk Christi in Wort, Heiligung und Weisung sakramental weiterzugeben“.[107] *Pneumatologisch* gesehen erfüllt der Amtsträger im Lebensgefüge der Kirche seinen Dienst, bezeugt den Glauben der Kirche und wirkt als „Kristallisationspunkt der geistlichen Einheit der Kirche“.[108]

e) *Die missionarische Offenheit*

Die Aufgabe der christlichen Gemeinde besteht nicht bloß in der Sammlung von Anhängern, sondern darin, Gottes Wort, die Botschaft von seiner Gerechtigkeit und seinem Frieden allen Menschen zu verkünden. Die christliche Gemeinde hat eine Sendung zum Heil der ganzen Welt. Sie ist von Grund auf *missionarisch* ausgerichtet. Darum soll die einzelne Pfarrgemeinde ein erfahrbares Zeichen der Hoffnung sein für alle Menschen. Dieser Auftrag kann nur erfüllt werden, wenn alle Mitglieder der Gemeinde ihn in der Gesinnung Jesu Christi, in seiner Offenheit für alle bejahen und übernehmen.

Anmerkungen zum zweiten Kapitel

1 Vgl. vor allem die Ausführungen S. 75.

2 Erschienen in den Wiener Beiträgen zur Theologie. Bd. 11, Wien 1965.

3 KLOSTERMANN, Ferdinand: Ebd. 49.

4 In: Synode, Jg. 1972, H. 3, 17.

5 FISCHER, Henry und Norbert GREINACHER und Ferdinand KLOSTERMANN: Die Gemeinde. 2. Aufl., Mainz 1970, 26.

6 Ebd., 28 f.

7 Zum Folgenden LEHMANN, Karl: Die Gemeinde, 8 f.

8 Vgl. GRESHAKE, Gisbert: Priestersein. Grundzüge einer Theologie des kirchlichen Amtes. In: Priester – Mitarbeiter Christi. Eine Dokumentation der Studientagung der Österreichischen Bischofskonferenz 1982, hrsg. vom Kirchlichen Institut Canisiuswerk. St. Pölten o. J. [1983], 16.

9 Zur Gefahr des „Provinzialismus“ und der „unkatholischen Abkapselung“ vgl. MÜLLER, Josef: Lebensräume des Glaubens, 24.

10 ZAUNER, Wilhelm: Prinzip Gemeinde? In: Diakonia 11 (1980), 361–364, hier 363.

11 Ebd.

[12] LEHMANN: A. a. O. 9 f.
[13] Ebd. 9.
[14] Vgl. zum Folgenden besonders SCHLIER, Heinrich: Ekklesiologie des Neuen Testaments. In: Mysterium Salutis. Grundriß heilsgeschichtlicher Dogmatik. Bd. 4/1. Einsiedeln–Zürich–Köln 1972, 101–214, hier 101.
[15] Ebd.
[16] Ebd. 211.
[17] Vgl. ebd. 116.
[18] Ebd. 107 f. – Paul WESS interpretiert das Verhältnis der Jünger zueinander im Anschluß an Gerhard LOHFINK im Sinne der „Geschwisterlichkeit". Vgl. sein Buch: Ihr alle seid Geschwister. Gemeinde und Priester. Mainz 1983, bes. 35 ff.; s. auch LOHFINK: Wie hat Jesus Gemeinde gewollt?, 50 ff.
[19] Für Gerhard LOHFINK ist die Stelle in Mt 5, 13–16 „Chiffre für die Kirche als eine Kontrastgesellschaft, die . . . die Welt verändert" (vgl. Wie hat Jesus Gemeinde gewollt?, bes. 78–86 u. ö.).
[20] GRESHAKE, Gisbert: Priestersein (1983), 21.
[21] SCHLIER: A. a. O. 111.
[22] Ebd. 116.
[23] Ebd. 132.
[24] Ebd. 135.
[25] GRESHAKE: A. a. O. 13.
[26] Ebd.
[27] Ebd.
[28] Vgl. WEBER, Johann: Die Situation unerer Gemeinden vor dem Hintergrund des konziliaren Kirchenbildes. In: WIENER, Josef u. Helmut ERHARTER (Hrsg.): Gemeindekatechese. Dienst am Glauben der Gemeinde durch die Gemeinde. Wien–Freiburg–Basel 1981, 13.
[29] Ebd.
[30] Vgl. GNILKA, Joachim: Das Evangelium nach Markus. 1. Teilband (Evangelisch-Katholischer Kommentar zum NT, II/1). Zürich–Einsiedeln–Köln/Neukirchen–Vluyn 1978, 259.
[31] Ebd.
[32] LÜCK, Wolfgang: Die Volkskirche. Kirchenverständnis als Norm kirchlichen Handelns (Urban-Taschenbuch, T-Reihe 653). Stuttgart–Berlin–Köln–Mainz 1980, 67.
[33] Ebd. 57.
[34] Dieses Anliegen vertritt vor allem auch Ferdinand REISINGER in: „Christliche Gemeinde" – Möglichkeiten und Grenzen. In: Ders. (Hrsg.): Menschsein in der Gesellschaft. Linz 1983.
[35] Vgl. SCHLIER: A. a. O. 129–131.
[36] Ebd. 152.
[37] SCHLIER: A. a. O. 154.
[38] Ebd.
[39] Ebd. 155.
[40] Ebd. 156.
[41] Ebd. 197.
[42] Vgl. WULF, Friedrich: Kommentar zu Artikel 1–6 des Dekrets über Dienst und Leben der Priester. In: Das Zweite Vatikanische Konzil. Konstitutionen, Dekrete und Erklärungen. (Lexikon für Theologie und Kirche, 2. Aufl.) Teil III. Freiburg–Basel–Wien 1968, 147.

[43] LÜCK, Wolfgang: Die Volkskirche, 86.
[44] Vgl. SCHLIER: A. a. O. 200 f.
[45] Vgl. ebd. 197.
[46] Ebd. 102.
[47] Vgl. BROX, Norbert: Frühkirchliche und heutige Nöte mit der christlichen Gemeinde. In: Diakonia 11 (1980), 364–384, hier 366.
[48] Ebd.
[49] Vgl. ebd. 366 f.
[50] Vgl. ebd. 367.
[51] Vgl. LOHFINK, Gerhard: Wie hat Jesus Gemeinde gewollt?, 19–22.
[52] SCHLIER: A. a. O. 208.
[53] Kirchenkonstitution „Lumen Gentium" des II. Vatikanischen Konzils, Nr. 2.
[54] Beschluß „Sakramentenpastoral". In: Gemeinsame Synode, 245.
[55] Vgl. Kirchenkonstitution Nr. 2.
[56] Vgl. FÜGLISTER, Notker: Strukturen der alttestamentlichen Ekklesiologie. In: Mysterium Salutis. Grundriß Heilsgeschichtlicher Dogmatik. Bd. 4/1. Einsiedeln–Zürich–Köln 1972, 23–99, hier bes. 91.
[57] Ebd. 92.
[58] Ebd. 82.
[59] Ebd.
[60] Vgl. ebd. 95–98.
[61] BALTHASAR, Hans Urs, v.: Klarstellungen. (Herderbücherei, Bd. 393) Freiburg–Basel–Wien 1971, 60.
[62] Vgl. SCHLIER: A. a. O. 208.
[63] Vgl. LOHFINK, Gerhard: Wie hat Jesus Gemeinde gewollt?, 96 f.
[64] Ebd. 96.
[65] SAUTER, Gerhard: Heiliger Geist. In: Warum Christen glauben. Theologisches Sachbuch zur 13teiligen Fernsehreihe des Südwestfunks Baden–Baden. Trier 1979, 154 f.
[66] Vgl. KEHL, Medard: Kirche – Sakrament des Geistes. In: Walter KASPER (Hrsg.): Gegenwart des Geistes. Aspekte der Pneumatologie. (Quaestiones disputatae 85) Freiburg–Basel–Wien 1979, 160.
[67] SAUTER, Gerhard: Heiliger Geist, 155.
[68] Vgl. SCHLIER: A. a. O. 209 f.
[69] GRESHAKE, Gisbert: Priestersein (1983) 18 f.
[70] Kirchenkonstitution Nr. 8.
[71] SCHNEIDER, Theodor: Zeichen der Nähe Gottes. Grundriß der Sakramententheologie. Mainz 1979, 44.
[72] Kirchenkonstitution Nr. 48.
[73] Vgl. oben S. 72.
[74] KASPER, Walter: Die Kirche als Sakrament des Geistes. In: Ders. u. Gerhard SAUTER: Kirche Ort des Geistes. Freiburg–Basel–Wien 1976, 46.
[75] KEHL, Medard: Kirche – Sakrament des Geistes, 175.
[76] Pastoralkonstitution „Gaudium et spes" des II. Vat. Konzils, Nr. 1.
[77] Vgl. KEHL, Medard: Kirche für die anderen. In: Geist und Leben 49 (1976) 427.
[78] Kirchenkonstitution Nr. 26.
[79] Vgl. KASPER, Walter: Kirche und Gemeinde. In: Ders.: Glaube und Geschichte. Mainz 1970, 278.

[80] Vgl. RAHNER, Hugo (Hrsg.): Die Pfarre. Von der Theologie zur Praxis. Freiburg i. Br. 1956; RAHNER, Karl: Friedliche Erwägungen über das Pfarrprinzip. In: Schriften zur Theologie, Bd. II. Einsiedeln–Zürich–Köln 1955, 299–337.

[81] Vgl. die Erklärung der Deutschen Bischofskonferenz zur Vorlage „Rahmenordnung für die pastoralen Strukturen im Bistum". In: Synode. Jg. 1972, Sonderheft 2, 68, s. dazu MÜLLER, Josef: Lebensräume, 19 u. oben S. 17–21.

[82] ARNOLD, Franz Xaver: Zur Theologie der Pfarrei. In: Ders.: Glaubensverkündigung und Glaubensgemeinschaft. Düsseldorf 1955, 100 f.

[83] RAHNER, Karl: Über die Gegenwart Christi in der Diasporagemeinde nach der Lehre des Zweiten Vatikanischen Konzils. In: Ders.: Schriften zur Theologie. Bd. VIII. Einsiedeln–Zürich–Köln 1967, 422.

[84] Kirchenkonstitution Nr. 26.

[85] Vgl. WIEH, Hermann: Konzil und Gemeinde. Eine systematisch-theologische Untersuchung zum Gemeinverständnis des Zweiten Vatikanischen Konzils in pastoraler Absicht. Frankfurt a. M. 1978, 214.

[86] ROOS, Lothar: Begriff und Gestalt der kirchlichen Gemeinde. In: Lebendige Seelsorge 27 (1976) 302.

[87] KLOSTERMANN, Ferdinand: Der Priestermangel und seine Konsequenzen. Düsseldorf 1977, 134.

[88] Vgl. oben S. 47f.

[89] Freiburg–Basel–Wien 1982.

[90] Ebd. 7.

[91] FISCHER, Henry und Norbert GREINACHER u. Ferdinand KLOSTERMANN: Die Gemeinde, 27.

[92] Ebd. 27 f.

[93] Ebd. 29 (Hervorhebungen vom Verfasser).

[94] Ebd.

[95] Vgl. ROOS, Lothar: Begriff und Gestalt der kirchlichen Gemeinde, 302.

[96] KASPER, Walter: Kirche und Gemeinde. In: Ders.: Glaube und Geschichte, 278.

[97] Ebd.

[98] Vgl. BALTHASAR, Hans Urs v.: Theodramatik. Bd. III. Einsiedeln 1980, 435.

[99] Kirchenkonstitution Nr. 26, Dekret über Dienst und Leben der Priester Nr. 4–6.

[100] Dekret über Dienst und Leben der Priester Nr. 5 u. 6.

[101] Vgl. Liturgiekonstitution Nr. 10.

[102] LEHMANN: Gemeinde, 29.

[103] Vgl. die Ausführungen unten S. 99–101.

[104] Vgl. LEHMANN: Gemeinde, 23.

[105] Vgl. ebd. u. 60.

[106] Vgl. POTTMEYER, Hermann Josef: Zur theologischen Konzeption der pastoralen Dienste und ihrer Zuordnung. In: Theologie und Glaube 66 (1976) 322.

[107] Vgl. GRESHAKE, Gisbert: Priestersein (1983), 40.

[108] Ebd.

Drittes Kapitel

DER AUFBAU LEBENDIGER GEMEINDEN

Grundsätze – Anregungen

Wenn im folgenden einige eher praktische *Grund-sätze* und *Anregungen* aus der theologischen Reflexion über die Verwiesenheit von Kirche und Gemeinde abgeleitet und zusammengestellt werden, geschieht dies auf der einen Seite im Sinne der Bedeutung der Wortkombination „Grund"-„Satz". Was immer unter dem Ausdruck „Aufbau lebendiger Gemeinden" verstanden werden kann, es geht in den folgenden Überlegungen um die Darlegung einiger Ausgangspositionen im Zusammenhang von Sammlung, Erbauung und Sendung der Gemeinde in die Welt. Theologisch steht sowohl das paulinische Konzept der Gemeinde als „Bau, der erbaut wird" (Eph 2, 19 ff.), als auch die Idee der Gemeinde als „Gottesvolk auf dem Weg" (Hebr 4 u. 10 ff.) im Hintergrund.[1]

Damit wird auf der anderen Seite deutlich, daß die folgenden Grundsätze weder bloß auf die Pfarrei (im Sinne der „Ortsgemeinde") noch auf verschiedene vorhandene oder utopische Formen von Gemeinde-Modellen anzuwenden sind. Soweit neutestamentliche Leitbilder „maßgebende" Kriterien enthalten, gelten sie für die verschiedenen Weisen, wie heute Kirche in Gemeinden lebendig wird. Die neutestamentlichen Texte selbst weisen jeden Ausschließlichkeitsanspruch eines bestimmten Gemeindemodells schon dadurch zurück, indem sie eher von den Schwierigkeiten berichten, auf die die Verwirklichung der Kirche in den Gemeinden stößt.[2]

1. Grundsatz: GEMEINDE LEBT VON DER GEGENWART DES HERRN

Wenn der Ausdruck „Gemeinde" vor allem die von *Gott* zusammengerufene „Versammlung" von Menschen bezeichnet, die der Geist Gottes an einem bestimmten Ort oder innerhalb eines konkreten Personenkreises zu einer neuen Gemeinschaft zusammenführt[3], kommt damit die Dimension zur Sprache, daß Gemeinde „Gemeinde Gottes" ist. Sie gründet ihr Leben auf die Verheißung der nie endenden Gegenwart des Herrn. Wo sein Wort glaubend angenommen und weitergegeben wird, wo die Gemeinde Eucharistie feiert und so als Leib Christi zu leben versucht (vgl. u. a. 1 Kor 11, 23–74), ist der Herr selbst mitten unter den Seinen (vgl. Mt 28, 20).

In den zurückliegenden Jahren hat in vielen Gemeinden die Rat- und Hilflosigkeit zugenommen angesichts der in den Gemeinden immer deutlicher zu registrierenden Entkirchlichung – auch in bis dahin gut katholischen Gemeinden. Viele fragen: Was können wir überhaupt noch ausrichten? So klagt ein Pfarrer: „Jetzt habe ich zwanzig Jahre in meiner Gemeinde gearbeitet, ich habe mich nicht aufgespart, nun erfahre ich mit Erschrecken, von Jahr zu Jahr mehr, wie das christliche Bewußtsein verblaßt, wie der Glaube zu zerrinnen scheint. Bei Taufgesprächen, bei Ehevorbereitungsgesprächen entdecke ich, wie bei manchen nicht einmal mehr eine Kenntnis von Jesus Christus vorhanden ist, geschweige denn vom sakramentalen Leben. In den letzten dreißig Jahren ist die Zahl der sonntäglichen Kirchenbesucher um die Hälfte zurückgegangen. Es kommen noch 34% zur Kirche, aber von den 25- bis 40jährigen sind es nur 10%."[4]

Es ist wichtig, wenn sich die neutestamentliche Gemeinde an das Schicksal des altbundlichen Gottesvolkes erinnert: „Denn du bist ein Volk, das dem Herrn, deinem Gott, heilig ist. Dich hat der Herr, dein Gott, ausgewählt, damit du unter allen Völkern, die auf der Erde leben, das Volk wirst, das ihm persönlich gehört. Nicht weil ihr zahlreicher als die anderen Völker wäret, hat euch der Herr ins Herz geschlossen und ausgewählt; ihr seid das kleinste unter allen Völkern. Weil der Herr euch liebt und weil er auf den Schwur achtet, den er euren Vätern geleistet hat, deshalb hat der Herr euch mit starker Hand herausgeführt und euch aus dem Sklavenhaus freigekauft, aus der Hand des Pharao, des Königs von Ägypten. Daran sollst du erkennen: Jahwe, dein Gott, ist der Gott; er ist der treue Gott; noch nach tausend Generationen achtet er auf den Bund und erweist denen seine Huld, die ihn lieben . . ." (Dt 7, 6–9)

Trotz der Zusage Gottes wurde dieses Volk in die Gefangenschaft geführt.[5]

Vom Tempel hatte Gott versprochen, dies sei die Stätte, wo sein Name und seine „Herrlichkeit" bleibe (1 Kön 8, 10 ff.). Der Prophet Ezechiel, der die Verbannung miterleben mußte, beschreibt das Erschütternde: „Da verließ die Herrlichkeit des Herrn die Schwelle des Tempels" und „stieg aus der Mitte der Stadt empor" (Ez 10, 18 u. 11, 23). Der Prophet Jeremia, der das Ende Jerusalems in der Stadt miterlebte, mußte verkünden: „So spricht der Herr: Was ich gebaut habe, breche ich nieder, und was ich gepflanzt habe, reiße ich aus." (45, 4)

Der Weg, den Israel seit der Königszeit eingeschlagen hatte, entfernte sich mehr und mehr vom „Entwurf Gottes" und wurde zum „Eigenentwurf".[6] Aber mitten in der Katastrophe, die das Gottesvolk durchstehen mußte, begann sein eigener „Lernprozeß". Es begann zu begreifen: Der Weg Gottes mit seinem Volk ist anders. In der Fremde, in der Zerstreuung, in der Minderheitensituation soll das Volk, klein und machtlos, ganz allein auf die Treue des Bundesgottes vertrauend, „stellvertretend unter den Völkern die wahre Anbetung Gottes vollziehen".[7]

Wenn wir aufgrund dieser Überlegungen den „Lernweg" mancher Gemeinden verfolgen, ist er ein Weg im Entwurf Gottes?[8] Wie sieht der Weg der Gemeinde in einer zunehmend entchristlichten Welt aus? Soll sie „noch einmal sagen, was ohnehin schon alle Welt sagt" oder „vielmehr durch ihr Dasein und durch die . . . Formen ihres Lebens das sagen, was alle Welt nicht sagt und in ihrem jetzigen Zustand nicht sagen kann"?[9]

Israel wurde gerade durch das Leben im „Kontrast" zum Zeichen für die Völker. Auf diesem Hintergrund ist das Leben der Gemeinde zu sehen, in dem immer wieder der Entwurf Gottes sichtbar werden soll. Durch ihren Glauben an die Gegenwart des Herrn in ihrer Mitte bezeugt die Gemeinde, „daß die Ohnmacht der gekreuzigten Liebe die Rettung der Welt ist". Es ist im Sinne der Wege Gottes, „das Eigene loszulassen und radikal der Tat und Treue Gottes zu vertrauen",[10] der die Gemeinde zur Vorhut der kommenden Welt bestimmt hat. Insofern besteht eine enge Verbindung zwischen dem Prophetenwort von der „Herrlichkeit des Herrn", die als Ausdruck der Gegenwart Gottes in der erneuerten Gemeinde aufleuchtet (Ez 36, 23 ff.; 39, 21–29) und der *Sendung* der Gemeinde für und in die Welt. Durch die Erfüllung des Heilsauftrags wird die Gemeinde als „Volk Gottes" selbst zur „kabôd Jahwe", zur „Herrlichkeit des Herrn".[11] Dabei ist zweitrangig, ob die Gemeinde ein künstlerisch bedeutendes Gotteshaus zur Verfügung hat oder in „Zelten" wohnt.

Eine für die Pastoral der Gemeinde in diesem Zusammenhang wichtige Aussage enthält das 11. Kapitel des Hebräerbriefs. Von Abraham heißt es dort: „Aufgrund des Glaubens hielt er sich als Fremder im verheißenen Land wie in einem fremden Land auf und wohnte . . . in Zelten; denn er erwartete die Stadt mit den festen Grundmauern, die Gott selbst geplant und gebaut hat." (11, 9)

Von daher stellt sich die Frage, ob die im nächsten Kapitel in gewisser Weise notwendig auftauchenden Stichworte heutiger pastoraler Praxis wie: Situationsanalyse und -beschreibung, pastorale Planung, Fragebogen u. a. nicht etwas relativiert werden. Der Gemeindeaufbau muß zentral vom Handeln Gottes her verstanden werden. Eine solche Sichtweise setzt voraus, daß wir auf Gott, auf die Gaben seines Geistes in uns selbst und in den anderen achten.

2. Grundsatz: GEMEINDE LEBT AUS DER KRAFT DES HEILIGEN GEISTES, DER DIE MENSCHEN ZUR EINHEIT ZUSAMMENFÜHRT

Offen sein für das Wirken des Heiligen Geistes

Wer in *Stuttgart-Neugereut* die katholische Kirche besucht, ist zunächst überrascht. Er vermutet, auf eine „Baustelle" gekommen zu sein. Bei näherem Betrachten entdeckt er schließlich, das Baugerüst gehört in der Kirche zu den architektonisch tragenden Stützelementen des Kirchenbaus. Hinter dieser Konstruktion des Bauwerks steht die Idee des Zweiten Vatikanischen Konzils, wonach die Kirche eine „offene Kirche" ist, die ständig durch den Heiligen Geist „auferbaut" wird. In der Kirchenkonstitution heißt es dazu u. a.: „Der Geist . . . führt die Kirche in alle Wahrheit ein (vgl. Joh 16, 13), eint sie in Gemeinschaft und Dienstleistung, bereitet und lenkt sie durch die verschiedenen . . . Gaben und schmückt sie mit seinen Früchten."[12]

Nach dem Bericht des Johannesevangeliums ist der Heilige

Geist die Gabe des Auferstandenen (Joh 20, 22). Der Geist, der die Kirche belebt, führt die Gemeinde. In seiner Kraft wird es möglich, so zu leben, wie Jesus gelebt hat. Der Geist schenkt sich auch heute der Gemeinde auf vielerlei Weisen. Er beschenkt mit seinen Gaben viele. Dafür gilt es offen zu sein. Der Christ kann freilich nur von der rechten Mitte her ein Mensch des Heiligen Geistes, ein „Geistlicher" im weiteren Sinne sein. Darüber schreibt Paulus in 1 Kor 12–14: „Es gibt verschiedene Dienste, aber nur den *einen* Herrn. Es gibt verschiedene Kräfte, die wirken, aber nur den *einen* Gott. Er bewirkt alles in allem . . . Das alles bewirkt ein und derselbe Geist; einem jeden teilt er seine besondere Gabe zu, wie er will." (12, 5 f. u. 11)

Die Sendung durch den Geist aufgreifen

Sich auf die Gemeinde als „Gemeinde des Heiligen Geistes" einlassen[13], bedeutet mehr als nur auf die Gaben des Heiligen Geistes zu warten. Die Sendung durch den Heiligen Geist aufgreifen heißt, daß sich einzelne Christen und Gruppen vom Geist bewegen und treiben lassen. Wo in einer Gemeinde dem Heiligen Geist nicht Raum gelassen wird, werden leicht Menschen zum Maß der Dinge. Es kann der Pfarrer sein, der versucht, es allen recht zu machen. Damit verweigert er unter Umständen dem Geist den Einlaß in die Gemeinde. Er kann die Gemeinde zwar „verwalten", aber niemals geistlich führen.

Die Einmütigkeit des Geistes wahren

Einzelne Gemeindemitglieder, häufig auch geistbegabte Mitarbeiter, neigen dazu, ihre Gabe – oder ist es auch ihre Meinung? – absolut zu setzen. Mit der Gabe des Geistes an alle, die glauben, wird die Einheit zur Aufgabe. Paulus setzt sich mit aller Leidenschaft dafür ein, daß die Gemeinde „eins" sei (1 Kor 1, 10; Phil 2, 2). Die Gemeinde soll darauf bedacht sein, „die Einheit des Geistes zu wahren durch den Frieden" (Eph 4, 3).

Wo es unter den Mitarbeitern und Gemeindemitgliedern keine Einmütigkeit und Einheit des Geistes gibt, wo kein Platz für das Wirken des Geistes ist, beginnen jene fruchtlosen Diskussionen und Auseinandersetzungen, unter denen manche Gemeinde leidet. Nach Paulus ist das einzig verläßliche Kriterium für die Ordnung der Geistesgaben in der Gemeinde die Einheit, die Auferbauung, der Nutzen der Gemeinde (vgl. 1 Kor 12–14).

3. Grundsatz: GEMEINDE LEBT VON DER ORIENTIERUNG AM WORT GOTTES

Zeit- und situationsspezifische Voraussetzungen und Bedingungen der Glaubensweitergabe

Je weniger in der heutigen Situation gesellschaftliche Stützen und personale Bezüge die Weitergabe des Glaubens stützen, desto deutlichere Konturen erhält der „Dienst am Wort". Die Menschen suchen nach Orientierung, nach einem tragenden Lebenssinn. Religionssoziologische Erhebungen stimmen darin überein, daß angesichts der zunehmenden Bedrohungen und Gefährdungen des Lebens viele Menschen Gott, Religion, Glaube und Kirche in Beziehung bringen mit einer „heilen", „heiligen" Welt. In diesem Zusammenhang gehen die Grundbedürfnisse und -wünsche der „Leutereligion" dahin, sich unter den bergenden, „heiligen Schild" der Religion zu stellen. Die Gottesfrage „als Frage des Menschen" ist in der alltäglichen Erfahrung der Abhängigkeit und des Ausgeliefertseins häufig mit der Erwartung verknüpft, daß „eine höhere Macht" das eigene Leben bewahrt und seinen Schutz garantiert.[14]

Deshalb ist der Ort der Reflexion über den Glauben dort, wo Menschen im Licht des Evangeliums über ihr Schicksal und ihr Leben nachdenken. Aufgabe der Verkündigung im weiteren Sinn ist[15], nicht in erster Linie über vergangene Ereignisse zu informieren, sondern den Menschen *jetzt* und *hier* zu sagen, daß sie das wahre Leben finden, wenn sie sich an Jesus Christus halten. Darin ist die christliche Botschaft unverwechselbar und unaustauschbar. Aus dem Glauben an das ewige Leben wächst Zuversicht. Deshalb soll Jesus Christus in der Verkündigung als der „Gott-mit-uns" gegenwärtig werden, und zwar in seiner Zuwendung als „Hilfe und Helfer" zugleich.[16]

Sich mitteilende Liebe: der Inhalt unserer Botschaft

Überzeugend wirkt nur der authentisch mitgeteilte und bezeugte Glaube. Nur von ihm kann der Funke überspringen und neues Leben entstehen. Dabei geht es immer um den einen Kern der Botschaft: „Wir verkündigen Christus als den Gekreuzigten" (1 Kor 1, 23). „Er ist am dritten Tag auferweckt worden, gemäß der Schrift" (ebd. 15, 4). Insofern muß „das Evangelium Jesu Christi, wie es uns die Schrift bezeugt und durch die kirchliche Tradition überliefert wird, . . . der Inhalt unserer Verkündigung sein. Dieses Evangelium muß auf den heutigen Menschen hin gesprochen werden. Es bedeutet nicht Indoktrination durch Wiederholung von Formeln, aus denen man schöpft, wie aus Konserven. Es geht um das lebendige Evangelium, das in die konkreten Lebensverhältnisse Licht bringt und das eingeht in das praktische Leben.

Der heutige Mensch ist also das Ziel der Evangeliumsverkündigung, aber er ist nicht deren Maß. Das Evangelium hat ihm vielmehr ‚etwas' zu sagen, und zwar etwas Entscheidendes, Einmaliges, Unersetzbares und Unüberbietbares. Wir dürfen deshalb die Botschaft von Jesus Christus nicht zurechtschneidern nach dem Maß des heute Plausiblen; wir müssen vielmehr die gängigen Plausibilitäten um des Menschen willen aufsprengen auf die je größere Hoffnung, die je größere Erfüllung und die je größere Freude des Menschen hin."[17] Diese Freude gründet einzig und allein in der sich selbst in Jesus Christus mitteilenden Liebe Gottes.

Glaubensweitergabe lebt vom „Zeugnis" und „Bekenntnis"

Die Weise, in der die „Verkünder" die eigene Glaubenserfahrung und ihr Glaubenszeugnis anderen zugänglich machen können, ist das „Bekenntnis": Das ist mir widerfahren, das habe ich so erlebt. Glaubende Betroffenheit kann nur einer wecken, der das, wovon er spricht, selbst erfahren hat.

Der Dienst am Glauben der Gemeinde durch die Gemeinde[18]

Die Apostelgeschichte gibt auf die Fragen: Wie wird Glaube(n) vermittelt, wie werden Menschen zum Eintritt in die Gemeinde bewegt? die Antwort: Indem die Gemeinde vom Glauben erfüllt, die Zeichen der Gottesherrschaft wirkt, wird sie für Suchende Anstoß zum Fragen (bes. Apg 2, 43–47). In diese Situation, in diesen Erwartungs- und Erfahrungshorizont hinein hält Petrus seine Predigt, mit der er seine Hörer „mitten ins

Herz trifft" (ebd. 2, 37). Ein wesentlicher Faktor dabei ist das Zeugnis der Gemeinde: ihre Lebensweise, ihr Verhalten. Dieses Zeugnis wird wahrgenommen und wird für Menschen Anstoß zum Glauben in der Gemeinschaft der Glaubenden.

4. Grundsatz: GEMEINDE LEBT AUS DER FEIER DER HEILSEREIGNISSE

Gottes rettende Gegenwart in der Liturgiefeier

Die Feier der Liturgie ist nach der Auffassung des Zweiten Vatikanums zugleich „Gottesverehrung" und „Heilszuwendung". Sie ist Verwirklichung und „Bekräftigung des Bundes zwischen Gott und den Menschen" durch Christus im Heiligen Geist. Durch „sinnfällige Zeichen" wird in der Liturgie „die Heiligung des Menschen" dargestellt „und in je eigener Weise bewirkt".[19]

Schon im *Alten Testament* gehört es zu den wesentlichen Elementen des Kultes, daß in den heiligen Handlungen und Worten die Gemeinschaft zwischen Gott und seinem Volk begründet, entfaltet und an ihr Ziel gebracht wird.[20] Israel sieht Gottesverehrung und die kultischen Feiern immer in Zusammenhang mit dem Bundesverhältnis Gottes zu seinem Volk. Es feiert in der Liturgie das geschichtliche Handeln Jahwes an seinem Volk und vergegenwärtigt es in dieser Feier (vgl. die Feier des Paschafestes). Darum sind es vor allem die historischen Ereignisse der Errettung aus der Knechtschaft in Ägypten, die in Erinnerung gerufen und damit erneut wirksam werden durch Jahwes Gegenwart in der kultischen Feier. Was er einmal tat und versicherte, das tut und versichert er erneut, wenn er auf seinem Fest „erscheint". Damit ist in Israel die heilige Feier ganz von Gottes rettender Gegenwart durchdrungen.

Im *Neuen Testament* fehlt ein grundsätzlicher Zentral- und Schlüsselbegriff für Liturgie. Die zahlreichen vorchristlichen Kultausdrücke werden vermieden. Das hängt mit dem Bewußtsein von der Andersartigkeit der christlichen Liturgie zusammen. Im Vordergrund steht das, was Gott in Jesus Christus getan hat und in der Gegenwart seines Geistes durch sein Wort und seine Sakramente je neu wirkt. „Was der Mensch im Gottesdienst tut (das Neue Testament kennt eine Fülle solcher konkreter Akte), ist das gläubige Empfangen dessen, was Gott tut, und die gottesdienstliche Antwort darauf in der Gegenwart und Vermittlung Christi und seines Geistes." (Vgl. Mt 18, 20; Röm 8, 15f.; Gal 4, 6f.; 1 Kor 14, 25)[21] In Jesus Christus, seiner Menschheit, seinem Leben, Sterben und seiner Auferwekkung, kann die Liebe Gottes zu uns Menschen erkannt und erfahren werden. Durch die Hingabe Jesu, die am deutlichsten in der Feier der Eucharistie zum Ausdruck kommt, wird das Leben jedes einzelnen in diese rettende Begegnung aufgenommen.

Feier der Liebesgemeinschaft

Nach dem Zeugnis der Apostelgeschichte ist die christliche Gemeinde nicht nur „Gemeinde des Wortes" und „Gottesdienstgemeinschaft", sondern vor allem auch „Liebesgemeinschaft" (Apg 2, 44–46; 32–35). Der Gottesdienst der Gemeinde spiegelt ihr Selbstverständnis. Daraus ergibt sich auch das Verständnis dessen, was der Gottesdienst nach dem Neuen Testament sein soll: Zusammenkunft, Versammlung, Brudermahl. Solche Bruderschaft läßt die Versammelten „ein Herz und eine Seele sein" (Apg 4, 32). Mit denen, die man nicht kennt, kann man nicht brüderlich leben, bzw. diejenigen, die miteinander feiern, werden durch diese Feier „eines Sinnes untereinander".

Es gilt, aus dem Gesagten die Konsequenzen zu ziehen: Die eucharistische Tischgemeinschaft muß sich fortsetzen im diakonischen Dienst der Gemeinde. Die Gemeinde braucht keine unechte Feierlichkeit, in der der Funke der Liebe erstickt, sondern eine eucharistische Feier, die brüderlichen Geist atmet.

Daraus ergeben sich auch Fragen an das Pastoralkonzept der Gemeinde. In großen Pfarreien müßte mehr und mehr versucht werden, die liturgische Feier im kleineren Kreis zu pflegen. Dann wäre die sonntägliche Liturgie in der Pfarrkirche, an der eine große Anzahl von Mitfeiernden teilnimmt, nicht mehr die Feier einzelner, sondern von Gemeinschaften, die auch ihre Einheit mit der Gemeinde zum Ausdruck bringen wollen.[22]

Sonntäglicher Gottesdienst und Gemeindebildung

Ein Pfarrer, der von sich sagt: „Ich bin dankbar, Pfarrer in einer lebendigen Gemeinde zu sein", stellt fest: „Die Gemeinde lebt vom sonntäglichen Gottesdienst."[23] Mitte der Gemeinde wird der Gottesdienst durch das *Wort*, mit dem der Herr selbst ruft und einlädt und durch das *Mahl*, in dem sich die Mitfeiernden in die Hingabe Jesu an den Vater einbeziehen lassen: „ein Leib, der sich verschenkt" und die Feiernden „einverleibt". Dadurch wird die Eucharistiefeier Ausdruck der „Ekklesia": Ausdruck der „Versammlung", des „Wachstums der Gemeinschaft", „Gemeindebildung". Viele tragen dieses Geschehen mit: durch die Vorbereitung der Lieder und der anderen Gestaltungselemente in Gruppen und Kreisen, durch die Dienste als Organist, Lektor, die Formulierung der Fürbitten. Aus der Zusammengehörigkeit und der Bereitschaft zur Vielfalt des Mitgestaltens und Mitfeierns ergibt sich als Konsequenz dann auch die Bereitschaft zum gegenseitigen Helfen und Dienen im Alltag.

Schon im Alten Bund haben der Sabbat und die Feste dazu beigetragen, daß der Glaube Israels schwerste Krisen überstehen konnte und unter soziologisch ungünstigen Bedingungen überliefert wurde. Der Glaube und die Hoffnung des Gottesvolkes drückten sich besonders in den kultischen Feiern und Festen aus. Für die gelebte Praxis des christlichen Glaubens geht von der Feier des Sonntags eine stützende Kraft aus. Fridolin DUTZI stellte schon 1973 fest: „Der Sonntag hat die Kirche und die einzelne Gemeinde mehr gehalten als sie den Sonntag."[24] Nach der Liturgiekonstitution des Zweiten Vatikanischen Konzils ist der „Herrentag" als der Tag der wöchentlichen Osterfeier „der Urfeiertag, den man der Frömmigkeit der Gläubigen eindringlich vor Augen stellen soll".[25] Deshalb ist es wichtig, in der sonntäglichen Eucharistiefeier immer wieder die österlichen Elemente zu betonen, die im übrigen in engem Zusammenhang stehen mit den Erinnerungs- bzw. Gedächtniselementen der Taufe.

Der Sonntag ist als wöchentliches Osterfest schon in sich ein Gedächtnis der Taufe. Ob damit pastorale Chancen der Tauferneuerung verbunden sind, liegt auch daran, wie dieses wöchentliche Oster- und Taufgedächtnis gestaltet wird: Dazu gehört u. a. die Betonung der österlichen Texte und der Texte, die an die Taufe erinnern: der Halleluja-Gesang vor dem Evangelium, das Glaubensbekenntnis zur Erinnerung an das Taufsymbolum, das Vaterunser als Tauferinnerungsgebet, die Akklamation nach den Wandlungsworten, die Besprengung mit Weihwasser als sonntägliches Taufgedächtnis, der Friedensgruß als Erinnerung an die Ostererscheinungen des Auferstandenen.

5. Grundsatz: GEMEINDE LEBT VOM AUSTAUSCH DER LIEBE

Es ist *das* Zentrum unseres Glaubens, daß uns der dreifaltige Gott durch das erlösende Leiden, den Tod, die Auferweckung des Sohnes und Sendung des Heiligen Geistes Anteil gibt an seiner Liebe, seinem Leben. Darin besteht das Geheimnis des sich schenkenden und mitteilenden Gottes. In dem Maß, in dem sich die Gemeinde dem diakonisch-caritativen Wirken in ihrem Lebensvollzug verpflichtet weiß, vollzieht sich ein „heiliger Austausch" der Liebe.[26]

Bruderliebe aus der Mitte der Botschaft

Die Verpflichtung zum Tun der Liebe im Sinne Jesu geht besonders nachdrücklich aus der Gerichtsrede im 25. Kapitel des Matthäusevangeliums hervor.[27] Christus sagt: Der Arme, der Kranke, der Fremde, der Nackte bin ich für euch. Denn dort, wo einer arm, krank, nackt, fremd ist, bin ich selbst verborgen in ihm gegenwärtig. Das bedeutet, daß der „geringste Bruder" (Mt 25, 40) für uns zum besonderen Zeichen für Christus wird.

Dieser Zeichencharakter, das „Bin-ich-für-euch", rückt die Aussage des Herrn in die Nähe einer fast „sakramentalen" Zeichenfunktion des notleidenden Bruders für uns. Umgekehrt sollen wir für ihn zum wirksamen Zeichen der Liebe Jesu Christi werden, sollen wir ihn lieben in der Liebesgesinnung Jesu.

Für Jesus war der Grund seiner Liebe zu uns weder Not noch Mangel noch Leid, sondern ausschließlich die Liebe. Sie ist *der* Weg Gottes zum Menschen. Jesus hat Bedürftigkeit, Armut und Leid, ja unsere Existenz angenommen und mit uns getragen. Er hat den Weg der „Erniedrigung", der „Kenosis" nicht gescheut, sondern hat sich in unser Elend hineinbegeben. Wir leben aus dem Opfer seiner Hingabe.

Die in der Feier des *Lebens-Brot*es, in der Eucharistie, erfahrene Liebe, die sich „für uns" verströmt und verschenkt, Jesu Sorge um den Menschen soll zeichenhaft weitergegeben werden. In der dienenden Geste der Fußwaschung werden diejenigen, die im Geiste Jesu dienen, und die Bedürftigen und Empfangenden eine Gemeinschaft. In dieser Communio-(= Kommunion)-Gesinnung nehmen wir uns des anderen und einander an, „wie

Christus uns angenommen hat" (Röm 15, 7), werden wir füreinander zum Zeichen (= Sakrament) Christi.

Einander annehmen

Beim Propheten Jesaja ist die verwirklichte Bruderliebe als die „wahre Frömmigkeit", die Gott „liebt" (Jes 58, 6), so beschrieben: „Ungerechte Fesseln öffnen und des Joches Stricke lösen; die Bedrückten frei entlassen und jegliches Joch zerbrechen; dein Brot dem Hungrigen brechen und obdachlose Arme aufnehmen in dein Haus; den Nackten, den du siehst, bekleiden und dich deinen Mitmenschen nicht entziehen" (ebd. 6 f.).[28]

Das bedeutet für den Caritas-Dienst in der Gemeinde: Es handelt sich dabei nicht um ein Randproblem, sondern um den Kern der Botschaft Jesu. Gott erwartet diese tätig werdende Liebe von uns, weil er sie uns in seinem Sohn schenkt. Bei den Formen der christlichen Nächstenliebe geht es nie um Almosen aus Überfluß und Reichtum, auch nicht um ein bloßes Bekämpfen sozialer Mißstände, um die Abschaffung von ungerechten Lebensbedingungen, es geht auch nicht um die Verhinderung und Beseitigung des Leids, sondern um die Annahme der Leidenden im Sinne Jesu.

Die Gemeinde – Ort der Caritas

Wenn die Gemeinde für die heutige Gesellschaft eine modell- und vorbildhafte Aufgabe zu erfüllen hat, gehört dazu das glaubwürdige sichtbare Zeugnis der Liebe: „Seht, wie sie einander lieben." Von der dienenden Haltung Jesu her verstanden, ist der diakonische Auftrag der Gemeinde nicht ein „Betreuungsauftrag", sondern der Auftrag zur „Integration" in die Gemeinde. Zur liebenden und zeugnisgebenden Existenz der Gemeinde gehört das Annehmen, Teilen und Anteilgeben als ganzheitlicher Lebensvollzug der Gemeinde, weil Jesus Christus durch sie handeln will.

Insofern wird die Frage nach dem Ort, den das diakonische, caritative Wirken im Leben der Gemeinde einnimmt, zur Rückfrage an ihr Selbstverständnis. Vielleicht galten allzu lange die Einhaltung bestimmter Normen und die Mitfeier der sonntäglichen Eucharistie als fast einziger Nachweis der „Kirchlichkeit."[29] In der Nachfolge Jesu bedeutet Liebe üben handeln in seinem Geist. Davon kann sich keiner ausnehmen. Niemand darf sich seinen ,,Mitmenschen entziehen" (vgl. Jes 58, 7), wobei entsprechende Spezialaufgaben – z. B. der Kranken- und Altenarbeit – zusätzlicher Mitarbeiter bedürfen. Aber auch dafür gibt es in der Gemeinde eine Fülle von ,,Begabungen" (= ,,Charismen") und ,,Diensten", ,,Berufungen", die es allerdings zu wecken und zu fördern gilt, soll die Gemeinde zu einem Ort der ausgetauschten Liebe, der tätigen Caritas werden.

6. Grundsatz: GEMEINDE LEBT VOM ZEUGNIS GELEBTEN GLAUBENS

Der Glaube der Gemeinde und des einzelnen lebt wesentlich vom *Zeugnis*. Dahinter steht die Grundstruktur der Glaubensmitteilung und des Hineinwachsens in den Glauben. Jesus Christus bezeugte den Menschen Gottes Liebe. Er verkündete: ,,Die Zeit hat sich erfüllt, und die Gottesherrschaft ist nahe gekommen." (Mk 1, 14 f.) In der Folge beruht der Christusglaube auf dem Zeugnis der Apostel und der Glaubensweitergabe durch die Urzeugen des Christusereignisses. Das bezeugte Wort der Christusoffenbarung ist zu seiner Vermittlung auf das Zeugnisgeschehen angewiesen, das in die Glaubensentscheidung ruft. Glauben kann nur einer, der sich in dieses Zeugnisgeschehen einbeziehen läßt. Damit setzt Glauben *Gemeinschaft* mit den Zeugen des Glaubens voraus.

Das bedeutet für unsere Situation: Der Weg zum lebendigen Glauben führt vor allem über personale Beziehungen zu glaubenden Menschen. Sie vermitteln eine persönliche Beziehung zu Jesus Christus, die betroffen macht und das Leben prägt.

Die ersten unmittelbaren Zeugen sind neben dem Priester die Mitarbeiter der Gemeinde. In ihrem Leben soll die Gesinnung Jesu sichtbar werden. Die Kirchenkonstitution des Zweiten Vatikanischen Konzils betont die gemeinsame Berufung, die brüderliche Gemeinschaft aller Gläubigen ,,zum Aufbau des Leibes Christi".[30] Das aufgrund der Taufe empfangene ,,Christenamt" (Martin LUTHER) ist zugleich die Berufung zum Zeugenamt.

Damit stehen die verschiedenen Glaubenszeugen in der Gemeinde: Priester, Mitarbeiter, einzelne Bezugspersonen, Gruppen und Gemeinschaften in Wechselbeziehung zueinander.

Der Priester als Zeuge für die Heilsbotschaft Christi

Nach Bischof HEMMERLE gehören besonders folgende Gesichtspunkte zur Zeugenaufgabe des Priesters:

- Da gibt es Priester, die sagen: ,,Meine innere Zentrierung ist im *Wort Gottes.* Ich möchte das Evangelium als die Frohe Botschaft heute verkünden. Ich möchte davon ausgehen, mein ganzes Leben, auch mein liturgisches, und meine Diakonie sollen Zeugnis sein.“ Eine solche Einstellung geht davon aus, daß der Priester Zeuge dafür ist, daß Jesus Christus, der Auferstandene, ,,die Richtung weist“ und ,,Zukunft gibt“.[31]
- Eine zweite Grundprägung der priesterlichen Existenz geht von der *Eucharistie* als Mitte des priesterlichen Dienstes aus. Priestersein bedeutet dann ,,Ausfaltung dessen, was in der Eucharistie geschieht, nicht in einer kultischen Verengung auf die Eucharistie, sondern so, daß das ganze Leben Eucharistie wird“.
- Eine dritte Haltung drückt sich aus in der ,,Leidenschaft des *Dienens,* das ‚Dasein für‘, des Sorgens um die Menschen, des Nahe-sein-Wollens und des Zeichen-sein-Wollens für den guten Hirten, der sein Leben hingibt. Fußwaschung – einfach dem andern in dienendem Verbundensein und Nahesein das Einmalige Christi nahebringen“.
- Ein viertes Stichwort könnte heißen: ,,*Communio* im Sinne von Dienst an der Einheit: Ich bin derjenige, in dem Gemeinde als die eine sich darstellen soll; ich bin derjenige, in dem alle Gaben miteinander vermittelt werden sollen; ich bin der Diener der Einheit, der Diener des Miteinander; ich bin derjenige, in dem dieses Miteinander tatsächlich Gestalt gewinnt.“
- Schließlich lautet der fünfte Ansatz: Ich will einer sein, ,,der in eine andersgeartete Welt und andersgeartete Verhältnisse einsteigt; ich bin derjenige, der dort das Wort Gottes, das Leben Gottes, die Liebe Gottes hinausbringen will; ich bin der *Missionarische!*“[32]

Das Pfarrhaus – ein geistliches Haus

Der Grundsatz, das Pfarrhaus soll ein ,,geistliches Haus“ sein; in ihm muß ,,vorgelebt oder doch zumindest angestrebt werden, was in der Gemeinde erreicht werden soll“, konkretisiert eine solche Forderung. Die Verkündigung kann nur dann glaubhaft sein und der Aufbau der Gemeinde zu einer wirklichen „Liebesgemeinschaft“ gelingt nur, wenn die Bewohner eines Pfarrhauses „diese Einheit verwirklichen“.[33] Bereits Johann Michael SAILER formulierte in seinen „Vorlesungen aus der Pastoraltheologie“: Das Haus des Seelsorgers verdiene „den Namen eines ‚geistlichen Hauses‘ . . . nicht, weil ein Geistlicher darin wohnt“, sondern weil seine Bewohner „Menschen des Geistes sind, weil der Geist des Herrn selber darin wohnt und mit ihm Gerechtigkeit, Friede und Freude, dieses wahre Leben des Geistes“.[34]

Zugleich soll „das Haus des Priesters ein ‚Haus für die Gemeinde‘ sein. Das erfordert bei aller berechtigten Anpassung an die allgemeinen Lebensbedingungen einen Stil, der von Einfachheit und Schlichtheit geprägt ist und Rücksicht nimmt auf die Ärmeren in der Gemeinde.“[35]

Tragende Beziehungen
Zur Rolle von Bezugspersonen und -gruppen

Angesichts der Tatsache, daß es viele – besonders junge Menschen – schwer haben, Wege zu einem lebendigen Glauben zu finden, gewinnen „Bezugspersonen“ an Bedeutung. Gerade in Gemeinden ohne Priester am Ort knüpfen einzelne oder Bezugsgruppen jenes Netz von Beziehungen, das mithilft, daß der Glaube wachsen und sich vertiefen kann. So sehr Christsein eine Sache der persönlichen Entscheidung ist, so ist der einzelne doch auch auf tragfähige Beziehungen zu anderen angewiesen, die sein Leben teilen. Einer allein schafft es oft nicht, in den alltäglichen Situationen gegen mancherlei Widerstände im Glauben festzustehen. Hier sind es glaubende einzelne oder Gemeinschaften, die dann den Glauben mittragen helfen. Durch das Zeugnis solcher Bezugspersonen und -gruppen lebt der Glaube der Gemeinde. So zeigt sich, wie sehr schließlich auch das Amt in der Gemeinde im gemeinsamen Miteinander-dienen auf die mit dem Charisma der Glaubensbegleitung anderer Begabten angewiesen ist.

7. Grundsatz: GEMEINDE LEBT VON DER LEBENDIGEN TRADITION

Bei aller notwendigen kritischen Einstellung gegenüber überholten, wie „Relikte" in einem Museum „ausgestellten" Traditionen wächst heute die Einsicht in die tiefen Werte einer *gelebten* Tradition. So haben sich z. B. viele Menschen ein gesundes Empfinden dafür bewahrt, daß sich der Glaube in äußeren Formen „verleiblichen" will. Die Wiederentdeckung des religiösen Brauchtums in manchen Gemeinden zeigt, daß der Mensch gegen jede Zweckrationalität wahre Erfüllung nicht ökonomisch oder gesellschaftlich machbaren Faktoren zuschreibt, sondern jener letzten Wirklichkeit, die sich dem Zugriff des Menschen entzieht.

Es empfiehlt sich, gegenüber der Kurzlebigkeit und Haltlosigkeit unserer Tage an lebendige Traditionen in der Gemeinde anzuknüpfen, in denen sich die bewährte Praxis vieler glaubender und betender Generationen niedergeschlagen hat. Wo Traditionen geschwunden sind, sollen mit Behutsamkeit neue geschaffen oder unverstandene mit neuen Inhalten gefüllt werden. Theologisch gesehen kann „lebendige Tradition" als eine Form der gelebten und bezeugten Christusbotschaft verstanden werden, durch die sich in manchen Stürmen der Zeit eine ungebrochene Gläubigkeit durchgehalten hat.

Im Zusammenhang mit der Brauchtumspflege in der Gemeinde trifft der Seelsorger immer wieder auf Familien, für die alte und neuentdeckte Bräuche eine große Rolle spielen – mögen sie noch so sehr mit bestimmten traditionellen Vorstellungen verbunden sein. Vielfach stehen dahinter Erinnerungen an die eigene Kindheit, werden Erlebnisse wachgerufen, die ungeheuer erfahrungsnah sind. Längere Zeit hat die Pastoral der Pflege des liturgischen und religiösen Brauchtums zu wenig Beachtung geschenkt. Heute ist es notwendig, z. B. Eltern richtige Perspektiven zu zeigen, ihnen Mut zu machen und mit ihnen zu lernen, wie sie mit ihren Kindern das religiöse Brauchtum in der Familie pflegen können. Dabei werden neben den Kräften des Herzens auch geistige Haltungen gefördert und gestärkt.

8. Grundsatz: GEMEINDE LEBT AUS DER KRAFT INNERLICHER MENSCHEN, DIE AUCH BEREIT SIND ZUR STELLVERTRETUNG

Wir leben in einer Welt, die ständig dabei ist, alles in ihr Geschehende nur nach Kriterien des äußeren Erfolgs, eines vorzuweisenden Ertrags zu messen. Menschlicher und erfreulicher wird die Welt jedoch nicht durch das, was man vorzeigen kann, sondern durch Menschen, die *innerlich* und deshalb eigentlich *menschlich* sind. Durch ihr Leben helfen sie ihrer Umwelt, nicht zu vergessen oder neu zu ahnen, daß es jenseits der reinen Erfolgs- und Konsumwelt Erfahrungen gibt, auf die hin es sich zu leben lohnt.

Deshalb üben jene Christen in der Gemeinde ein besonderes „Apostolat" aus, die durch ihr Dasein und Sosein auf geistliche Erfahrungen, auf die Innenwelt aufmerksam machen, die dem einzelnen und der Gemeinde helfen, daß Gott in ihnen Raum gewinnen kann. Solche Menschen leben aus jenem innersten Bereich, in dem sie sich dem Anruf des Geistes öffnen. Sie ruhen ganz in dieser Mitte, sind in ihr „festgemacht". Deshalb können sie dann auch alles ihnen Begegnende: die Menschen, Freunde, die Einsamkeit anderer, Freude und Leid in ihr Innerstes hineinlassen und damit anderen zum Helfer werden. Sie sind aus der Kraft der Innerlichkeit des ganzen Einsatzes für den, der sie braucht, fähig. Oft sind sie die „Stillen" in der Gemeinde und dennoch sind sie „Licht für die Welt". „Sie *sind* viel mehr, als sie sagen; sie haben viel mehr in sich und wissen huntertmal mehr, als sie äußern können. Bei Menschen ohne Innerlichkeit ist es umgekehrt: sie äußern hundertmal mehr, als sie selber in sich haben und mit dem Herzen wissen. Innerliche Menschen sind ohne viel Reden brüderlich, weil sie sich den anderen wirklich angehen lassen; sie *teilen* viel eher die Armut des Armen, als daß sie ihr von außen beikommen; sie durchleiden ihr Leid, sie beladen sich mit ihren Krankheiten, ihren Gebrechlichkeiten, ihren Sünden. Ihre Gefährtenschaft aber hilft mit, die Lage eines anderen von innen her zu verwandeln – auf eine Hoffnung hin, die der Brüderliche in seinem *Dasein* schon ist."[36]

Die „unverratene Anbetung"

Eine solchermaßen gelebte Innerlichkeit schöpft aus besonderen Kraftquellen. Hier kann ein Wort von Alfred DELP wegweisend sein: „Brot ist wichtig, Freiheit ist wichtiger, am wichtigsten ist die ungebrochene Treue und die unverratene Anbetung."[37]

Auf der Österreichischen Pastoraltagung zum Thema „Vom Geist christlichen Lebens" im Dezember 1982 berichtete Ludwig BERTSCH von einem Besuch bei Mutter THERESA in *Kalkutta*. Er erzählte: „Nach dem Besuch ihrer großen Werke, dem Sterbehaus beim Kali-Tempel, dem Leprosenheim, den Rehabilitationszentren, den Kindergärten und der Zentrale der Familienplanung, saßen wir mit ihr selbst in ihrem Kloster zusammen. Auf die Frage, was ihr besonders in ihrer Stiftung wichtig zu sein scheint, antwortet sie spontan: ‚Wissen Sie, seit wir in unserer Gemeinschaft die tägliche Stunde der Anbetung vor dem Allerheiligsten eingeführt haben, hat sich bei uns jeder und unsere Gemeinschaft verändert. Die tägliche Anbetung hilft uns, ihn auch den ganzen Tag und die Nacht nicht aus dem Blick zu verlieren.'"[38]

Auf Sitzungen und Zusammenkünften wird in den Gemeinden viel geredet und diskutiert. „Sollten wir uns nicht in all dem, was wir beraten, Zeiten der Anbetung offenhalten – und seien sie auch nur für ein paar Minuten?"[39] Aus Sicherheitsgründen müssen viele Kirchen außerhalb der Gottesdienstzeiten geschlossen bleiben. Damit fällt für die Menschen der einfach zugängliche Ort der Anbetung weg. BERTSCH stellt die Frage: „Sollten wir nicht in unseren Pfarrhäusern einen Ort der Anbetung einrichten, der allen zugänglich ist, an dem jeder allein oder verbunden mit anderen Anbetung halten kann?"[40]

Die Strahlkraft stellvertretenden Leidens

Im Kolosserbrief findet sich der Gedanke des stellvertretenden Leidens: „Jetzt freue ich mich in den Leiden, die ich für euch ertrage. Für den Leib Christi, die Kirche, ergänze ich in meinem irdischen Leben das, was an den Leiden Christi noch fehlt." (1, 24) Das Erlösungsleiden Christi war vollkommen. Der Mensch kann ihm mit all seiner Aktivität nichts hinzufügen. Was fehlt, ist das „Mitleiden", daß es Menschen gibt, die aus der

Kraft Christi stellvertretend dazu fähig und bereit sind – etwa durch das „Ertragen" und „Durchtragen" einer Krankheit. Wo jemand mit Christus liebt – und leidet – wird etwas „vollendet" im Sinne der umfassenden Liebe Christi. Im Kloster Frauenberg bei Fulda findet sich auf einem Bild die Inschrift: „Gott will Mitliebende." Angesichts mancher Tendenzen in der Pastoral, nur das aktive Engagement als effektive Form der Mitwirkung am gemeindlichen Leben anzusehen, kann uns die persönliche Einstellung manches Kranken, der sein Leid für andere trägt, etwas Unersetzbares sagen.

9. Grundsatz: GEMEINDE LEBT AUS DER GANZHEIT DES LEBENSZUSAMMENHANGS

Für den gelebten Glauben ist der gesamte *Lebenszusammenhang* unersetzlich. Glaubensvermittlung setzt Begegnung zwischen den Generationen voraus. Im Lebensganzen gibt es Mutter und Vater, die Großeltern und die Kinder. Sie alle zusammen bilden eine echte „Lebensgemeinschaft". Liebe, Hingabe, Verantwortung lernt das Kind, indem es von den Erwachsenen „abschaut", wie sie diese Haltungen leben. Das „In-Gemeinschaft-Glauben" schafft Erfahrungsräume, in denen die Verwirklichung des Miteinander-glaubens gelingt.

Die Feier des Lebens in den Sakramenten

Für den Lebenszyklus in der Gemeinde bildet das Zusammen von Geburt (Taufe) und Tod (Feier der Totenliturgie), das heile Leben (z. B. Feier der Feste wie Hochzeit, Erstkommunion) und die Krankheit ein Ganzes. Die ganze Gemeinde ist aufgerufen, Anteil zu nehmen am Leben ihrer Mitglieder. Vor allem die Feier der Sakramente könnte mithelfen, die bei vielen Christen fast ausschließlich von Tradition und Konvention bestimmte Sicht der Sakramente zu überwinden und vor allem jene Verengung aufzubrechen, die in den Sakramenten lediglich Mittel zur persönlichen Heiligung bzw. einen individuellen Vorgang zwischen Spender und Empfänger sieht.

Alle Sakramente sind mit zentralen Lebensfragen verbunden. Durch ihre gottesdienstliche Feier in der Gemeinde soll der Zusammenhang mit dem in und durch Jesus Christus geschenkten Heil in den Grundereignissen des Lebens deutlich werden.

Die Brücke zwischen Liturgie und Leben

Im Bewußtsein vieler Christen entsprechen die Feste des Kirchenjahres längst nicht mehr der gelebten Wirklichkeit. Sie finden zwar – vor allem an den hohen Feiertagen – den Weg in eine Kirche, aber ihr Leben wird nicht (mehr) vom Gottesdienst geprägt. Dieser bleibt unter Umständen noch Gewohnheit, wird aber nicht Ereignis. Viele Erwachsene und Jungendliche klagen über die zu große Diskrepanz zwischen dem Alltag und der Feier der Liturgie. Kinder und Jugendliche erleben sich fast wie in zwei Welten lebend: Wenn sie am Gottesdienst teilnehmen, begeben sie sich in eine völlig andere, meistens als „fremd" empfundene Welt. Solange die Feier der „Heilsereignisse": der Menschwerdung, des Todes und der Auferweckung Jesu Christi, die Zentralgeheimnisse unserer Erlösung, nur in der offiziellen Liturgie begangen werden, gelingt es nur wenigen, die Brücke zum täglichen Leben zu schlagen. Es sollte versucht werden, einzelne Elemente der Liturgie in den Lebensraum der Familie zu übernehmen. So könnten die zentralen Elemente des Gottesdienstes im Rahmen der Familie nochmals erlebt, vertieft und nachbesprochen werden, ein Anliegen, das dem Bedürfnis vieler entspricht. Manche Frömmigkeitsformen erscheinen nur deshalb als lebensmäßig überholt, weil sie zu Hause kein Echo finden.

Für den Zusammenhang zwischen Liturgie und Leben ist es wichtig, daß z. B. in der Verkündigung nicht nur die großen Ereignisse im Herrenjahr für die Auswahl der Inhalte maßgebend sind, sondern auch andere große Leitthemen, in denen sich die Menschen mit ihrer Glaubenserfahrung und ihren Lebensfragen wiederfinden können.

10. Grundsatz: GEMEINDE LEBT ALS KIRCHE GOTTES IN DER ZEIT

Die Gemeinden haben ihren Sendungsauftrag in einer Situation, die auf weite Strecken im Dunkel liegt.[41] „Den gesellschaftlichen Gruppen und den einzelnen Menschen fehlt weithin die Orientierung." Wohin wird die Entwicklung der Wirtschaft gehen? ,,Wie lange werden die Rohstoff- und Energievorräte der Erde noch reichen? Wie lange werden wir von einem atomaren Krieg verschont bleiben?" Wie lange werden die Arbeitsplätze erhalten bleiben?

Die Menschen leben häufig vereinzelt und isoliert. ,,Zwischen den einzelnen liegen große Störungsfelder. Mehr vielleicht als früher beeinträchtigen wir uns gegenseitig durch Lärm, durch die Enge des Wohnraumes. Mehr als früher lassen wir uns durch Konkurrenzverhalten in Gegensatz bringen. Viele verhalten sich wie in einer Festung, in der sie sich gegen andere verteidigen.

Die Gemeinde und jeder Christ sind in eine Situation geschickt, in der es nicht nur wenige Aussichten und wenige Gemeinsamkeiten gibt, sondern auch viel Skepsis, Niedergeschlagenheit und Depression. Vielfach gibt es auch einfach zu wenig Freude am Leben und am Umgang mit Lebendigem."[42]

In dieser Situation geht die Gemeinde ihren Weg, der vom Evangelium erhellt ist. Sie kann deshalb auch weiter sehen, ,,wohin die Wege und wohin die Irrwege führen". Sie soll deshalb Zeugnis von dem Licht geben, das ihren Weg erleuchtet (vgl. Joh 1, 8), vom Leben, an dem sie teilhat. So kann die Gemeinde als ,,Kirche Gottes" mitwirken an der ,,Lösung der dringlichsten Fragen unserer Zeit".[43] Zeichen der Hoffnung kann die Gemeinde vor allem dadurch sein, indem sie Gemeinschaft und Weggenossenschaft anbietet. Dabei soll ihr Leben ein überzeugender Nachweis ihrer eigenen Glaubenserfahrung auf dem Weg durch die Zeit sein.

Anmerkungen zum dritten Kapitel

[1] BÄUMLER, Christof: Gemeindeaufbau. In: KLOSTERMANN, Ferdinand und Rolf ZERFASS (Hrsg.): Praktische Theologie heute. München/Mainz 1974, 417 f.

[2] Vgl. oben S. 62 u. unten S. 149f.

[3] Vgl. LEHMANN, Karl: Neuer Mut zum Kirchesein. Freiburg–Basel–Wien 1982, 29. LEHMANN nimmt an dieser Stelle Bezug auf die Gemeindedefinition der Würzburger Synode, vgl. oben S. 18–20.

[4] Vgl. BOURS, Johannes: Der Weg des Gottesvolkes in der säkularisierten Welt. In: Ders. u. Franz KAMPHAUS: Leidenschaft für Gott. Freiburg–Basel–Wien 1981, 10.

[5] Ebd.

[6] Ebd. 12.
[7] Ebd. 16.
[8] Vgl. ebd. 18.
[9] Ebd. 19.
[10] Ebd.
[11] Vgl. HÄRING, Bernhard: Die gemeinschaftsstiftende Kraft der Liturgie. In: BORMANN Paul u. Hans Joachim DEGENHARDT (Hrsg.): Liturgie in der Gemeinde. I. Bd. Salzkotten 1964, 200.
[12] Kirchenkonstitution Nr. 4, vgl. Nr. 7.
[13] Der Ausdruck die ,,Gemeinde des Heiligen Geistes" wurde in Anlehnung an die Schlußdoxologie der Eucharistie HIPPOLYT's gewählt. Die Formulierung ,,Einheit des Heiligen Geistes" der römischen Hochgebete ist ein anderes Wort für die ,,heilige Kirche" im Hippolytischen Text. Vgl. JUNGMANN, Josef Andreas: Missarum sollemnia. II. Bd. Wien 1952, 329 f.
[14] Vgl. dazu bes. ZULEHNER, Paul Michael: Leutereligion. Eine neue Gestalt des Christentums auf dem Weg durch die 80er Jahre? Wien–Freiburg–Basel 1982.
[15] Vgl. oben S. 82f.
[16] Vgl. das Anliegen in BISER, Eugen: Der Helfer. Eine Vergegenwärtigung Jesu. München 1973 u. Ders.: Das Heil als Heilung. In dem Sammelband Heilkraft des Heiligen. Freiburg i. Br. 1975, 102–139.
[17] KASPER, Walter: Stellvertretung als theologische Grundkategorie. Vortrag beim Priestertag am 10. Okt. 1979 in Freiburg. In: Ansprachen und Referate der Priestertage der Erzdiözese Freiburg 1979. Freiburg i. Br. 1979, 30–48, hier 43 f.
[18] Vgl. den Untertitel und das Anliegen in WIENER, Josef u. Helmut ERHARTER (Hrsg.): Gemeindekatechese. Dienst am Glauben der Gemeinde durch die Gemeinde. Freiburg–Basel–Wien 1981.
[19] Vgl. Liturgiekonstitution Nr. 7 u. 10.
[20] Vgl. (auch zum folgenden) MÜLLER, Josef: Feiernde Gemeinde. Die Bedeutung der Feste und Feiern für den Prozeß der Gemeindebildung. In: Liturgia – Koinonia – Diakonia. Festschrift für Kardinal Franz König. Hrsg. von Raphael SCHULTE. Wien–Freiburg–Basel 1980, 3–24, hier 6–9 u. 14 f.
[21] LENGELING, Emil Joseph: Liturgie. In: Handbuch theologischer Grundbegriffe. II. Bd. München 1962, 78 f.
[22] Vgl. unten S. 137f.
[23] SUMSER, Paul: Sonntagsgottesdienst und Gemeindebildung. In: Lebendige Seelsorge 33 (1982) 274–276, hier 274.
[24] DUTZI, Fridolin: Kirchliche Feste als Chancen der Pastoral. In: Lebendige Seelsorge 24 (1973) 331.
[25] Liturgiekonstitution Nr. 102 u. 106.
[26] Vgl. den Wortlaut einiger Gabengebete im Missale Romanum, z. B. vom 20. Sonntag im Jahreskreis.
[27] Vgl. zum folgenden bes. SCHULTE, Raphael: Christliche Diakonie – Das menschenfreundliche und glaubwürdige Evangelium. Zur theologischen Grundlegung christlicher Diakonie. In: WIENER, Josef u. Helmut ERHARTER (Hrsg.): Diakonie der Gemeinde. Caritas in einer erneuerten Pastoral. Wien–Freiburg–Basel 1978, 31–49, hier 43–45.
[28] Übersetzung nach der deutschen Ausgabe der Jerusalemer Bibel.
[29] Vgl. unten S. 134.

[30] Kirchenkonstitution Nr. 32.

[31] Vgl. HEMMERLE, Klaus: Was uns leben und wirken läßt. In: Priester – Mitarbeiter Christi. St. Pölten o. J. [1983] 51 f.

[32] Ebd. (Hervorhebungen vom Verfasser).

[33] BLASCHE, Helmut: Artikel „Pfarrhaus". In: Lexikon der Pastoraltheologie. (Handbuch der Pastoraltheologie. Bd. V), Freiburg–Basel–Wien 1972, 410.

[34] SAILER, Johann Michael: Vorlesungen aus der Pastoraltheologie. III. Bd., 5. Aufl. In: Ders.: Sämtliche Werke, hrsg. v. Joseph WIDMER, 18. Bd., Sulzbach 1835, 259.

[35] Synodenbeschluß „Dienste und Ämter". In: Gemeinsame Synode, 622.

[36] SPAEMANN, Heinrich: Stärker als Not, Krankheit und Tod. Besinnung und Zuspruch. Freiburg–Basel–Wien 1981, 34.

[37] DELP, Alfred: Im Angesicht des Todes. Frankfurt a. M., 1958, 160 f.

[38] BERTSCH, Ludwig: Christliche Spiritualität als pastorale Aufgabe: In: Josef WIENER u. Helmut ERHARTER (Hrsg.): Vom Geist christlichen Lebens. Bergpredigt und Weltverantwortung. Wien–Freiburg–Basel 1983, 105 f.

[39] Ebd. 106.

[40] Ebd.

[41] Vgl. auch zum Folgenden KEMPF, Wilhelm: Für euch und für alle. Brief des Bischofs von Limburg zur Fastenzeit 1981 an die Gemeinden des Bistums, besonders an ihre sog. Fernstehenden. Limburg 1981, 133.

[42] Ebd.

[43] Pastoralkonstitution des Zweiten Vatikanischen Konzils, Nr. 10.

Viertes Kapitel

WEGE ZUR VERWIRKLICHUNG DER GEMEINDE

I. KEINE GEEIGNETEN WEGE, WEIL KEIN RECHTES ZIEL

Bei Gesprächen und Tagungen über Fragen der Gemeindepastoral steht ständig das Problem eines Pastoralkonzepts für den Gemeindeaufbau auf der „Tagesordnung". Spricht man mit Pfarrern und Mitarbeitern aus Gemeinden, zählen sie eine Vielfalt von Aktivitäten auf: Da gibt es Gruppen und Kreise. Die Situation der Menschen am Ort wird überdacht. In den Gemeinden engagieren sich zahlreiche Mitarbeiter, ansprechende Gottesdienste, mehr Kommunikation, eine Atmosphäre zum „Daheimfühlen" zu verwirklichen; das Pfarrblatt wird von Gemeindemitgliedern miterstellt, gedruckt und verteilt – und doch gehen viele Aktionen ins Leere. Fragt man die Betreffenden: „Nach welcher Zielvorstellung betreiben Sie den Aufbau Ihrer Gemeinde?", lautet die Antwort häufig: „Wir haben kein Gemeindekonzept."

Ein Pfarrer, der neu in eine Gemeinde kommt, wird öfter gefragt: „Was möchten Sie hier als erstes schwerpunktmäßig in Angriff nehmen?" Nicht selten lautet die Antwort: „Ich möchte zunächst einmal schauen, was in der Gemeinde notwendig ist." Hinter solchen Äußerungen kann eine gutgemeinte Offenheit für die Situation stehen, andererseits ist darin oft auch eine gewisse Unsicherheit verborgen. Es ist nicht zu übersehen, viele Gemeinden leben ohne klares Ziel ihrer Pastoral. Der Pfarrer und seine Mitarbeiter geben sich unendlich Mühe mit dem notwendigen pastoralen Grundprogramm: den erforderlichen Aktivitäten im Bereich der Verkündigung und Katechese; man feiert Gottesdienst, trifft sich bei Festen; man versucht, im Bereich des Bruderdienstes so viel wie möglich zu helfen und Not zu beseitigen. Im übrigen jedoch nehmen die täglichen Aufgaben Pfarrer und Mitarbeiter so sehr in Beschlag, daß für langfristige Perspektiven keine Kraft vorhanden ist. Die Pastoral gleicht einem Wollknäuel, aus dem viele irgendeinen Faden herausziehen.

Wie sich die für die Seelsorge in der Gemeinde Verantwortlichen das Leitbild einer „lebendigen Gemeinde" vorstellen, wie sie planen und an die Arbeit gehen, hängt von bisherigen Erfahrungen, der eigenen Lebens- und Glaubensgeschichte, allerdings auch von – oft unbewußten – Wunschvorstellungen ab. Viele sind dabei ungeheuer aktiv, gehen ganz in der Arbeit auf. Andererseits leben allzuviele Seelsorger „von der Hand in den Mund", tun nur das, was gerade anfällt oder was ihnen Spaß macht. Soll Gemeinde jedoch nach „Grundsätzen" leben und aus den Quellen schöpfen, die nach dem dritten Kapitel Vorrang haben, gilt es, die als richtig und notwendig erkannten Wege auch zu beschreiten.

Wo und in welchem Bereich damit begonnen wird, hängt nicht zuletzt von der Situation in der konkreten Gemeinde ab. Das bedeutet, daß realisierbare Zielvorstellungen nur in enger Zusammenarbeit mit der Gemeinde, d. h. den Beteiligten und Betroffenen entwickelt werden können.

Bei der Entwicklung von Zielideen steht „das Heilsangebot Gottes in Jesus Christus", durch das „die ganze Kirche und jede einzelne Gemeinde in Pflicht genommen" ist, an hervorragender Stelle. „Um dieser Sendung willen muß eine Gemeinde die Formen ihres Gemeindelebens immer wieder überprüfen: sie muß Bewährtes lebendig halten und offen sein für Entwicklungen und neue Formen, in denen der Glaube überzeugender gelebt und tiefer erfahren werden kann."[1]

1. Das „Erkunden" der Situation, die Auseinandersetzung mit ihr

Pfarrer, Pfarrgemeinderäte und Mitarbeiter der Gemeinde, die ständig mit der Gemeinde leben, erfahren unmittelbar Anliegen und Sorgen der Menschen. Sie haben ein offenes Auge und Ohr dafür, wo echte Probleme vorhanden sind und benötigen keine komplizierten Situationserhebungen und Untersuchungen des Ist-Standes der Gemeinde und ihres Umfeldes. Sie kennen Tendenzen und Entwicklungen im Sinne der Teilnahme der Menschen, die zum Pfarrgebiet gehören, am Leben der Gemeinde. Mit wachem Gespür „registrieren" sie Hintergründe, die z. B. dem Rückgang von Taufziffern oder der wachsenden Zahl nicht katholisch geschlossener Mischehen zugrunde liegen.

Was nützt ein Zahlenmaterial, das Aufschluß gibt über wichtige „Bewegungen“ im Bereich der sakramentalen Praxis der einzelnen Christen: der Mitglieder der Kerngemeinde und der in Distanz zur Gemeinde Lebenden, wenn sich durch eine solche Untersuchung nichts verändert? Sei es, daß der Pfarrer und die für die Gemeinde Verantwortlichen nicht bereit sind, entsprechende Konsequenzen aus langfristig feststellbaren Tendenzen zu ziehen, sei es, daß die einzelne Gemeinde nicht in der Lage ist, an einer großflächig wirkenden Entwicklung grundsätzlich etwas zu ändern.

Andererseits treten manche Gemeinden jahre- und jahrzehntelang auf der Stelle, sie verlieren den Blick für das unbedingt Notwendige. Fällige Aufgaben sind längst aus dem Gesichtskreis entschwunden. Angesichts dieser Situation sollen möglichst viele aus der Gemeinde an solchen Überlegungen und der sich daraus ergebenden zielgerichteten Planung beteiligt werden.

Insofern haben die im folgenden vorgelegten Beispiele einer *Pfarranalyse* zur Erhebung des Ist-Standes in der Gemeinde vor allem dann einen Wert, wenn sie die Mitarbeiter der Gemeinde dazu motivieren und befähigen, sich mit der Situation in der Gemeinde kritisch auseinanderzusetzen.

a) Gespräche in der Gemeinde über die pastorale Situation aufgrund gezielter „Befragungen“

Gespräche im Sinn einer Situationserfassung und -beschreibung

Soll in der Gemeinde ein echter Lernvorgang in Gang gesetzt werden, kommt es darauf an zu erfahren, welche Erfahrungen machen Menschen in der Gemeinde? Auf welche Schwierigkeiten stoßen sie selbst und andere? Welche Prozesse gehen in der Gemeinde vor sich?

In manchen Gemeinden läßt es sich ermöglichen, einzelne Gemeindemitglieder, Teilnehmer an bestimmten Projekten, Gruppenmitglieder u. a. zu einem Gespräch über die Erfahrungen in bezug auf die pastorale Situation in der Gemeinde einzuladen. Das bewußte Aufeinander-Hören soll jenen Raum der Gemeinsamkeit schaffen, in dem die Gesprächsteilnehmer ihre persönlichen Eindrücke miteinander austauschen. Dabei hören alle, welche Anregungen und Hilfen, aber auch Hindernisse für den einzelnen und die Gruppen das Mitleben mit der Gemeinde bietet.

Je vielfältiger die Gesprächsbeiträge und Stellungnahmen, positive Erfahrungen und Enttäuschungen sind, umso weniger soll der Gesprächsleiter versuchen, die Ergebnisse zu harmonisieren. Dabei bleibt zu überlegen, wie sich dennoch eine gewisse Zusammenfassung und „Bündelung" durchführen läßt.

Das folgende Schaubild diente auf verschiedenen Pastoraltagungen, bei denen der Verfasser mit kleineren Gruppen ein Gespräch über die momentane Situation in der Gesellschaft, der Kirche und der Gemeinde als Ausgangslage der Pastoral geführt hat, als „Grundraster", um die einzelnen Gesprächsbeiträge festzuhalten:

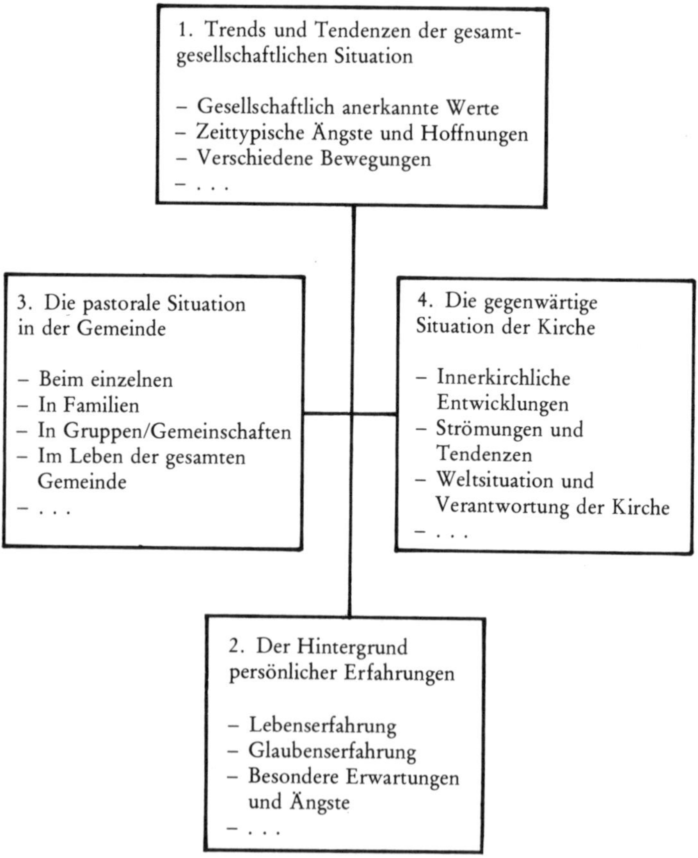

Ergebnisse aus den Arbeitsgruppen sollen beispielhaft das Anliegen der Gesprächskreise über die pastorale Situation verdeutlichen.[2]

– *Zitate von Teilnehmern der Arbeitsgruppe 1 (Gesamtgesellschaftliche Situation):*

„Die Gegenwart ist gekennzeichnet durch die Angst vor einem Gleichgewicht des Schreckens. Deshalb resignieren viele."

„Die wirtschaftliche Gesamtentwicklung, die sichere Einbußen an realem Wachstum und Zugewinnen vorhersehen läßt, begünstigt Spekulationen mit den schlechteren Verhältnissen."

„Die mannigfachen Alternativbewegungen sind ein deutliches Anzeichen dafür, daß die Menschen nicht mehr nur verdienen, produzieren und konsumieren wollen, sie suchen neue und andere Werte."

„Die Menschen schwanken zwischen Angst und Hoffnung. Unheilspropheten verstärken das Gefühl der Ausweglosigkeit. (Von daher werden die Abwehrmechanismen der Flucht in eine heile Welt und in die kleinen Welten des Privaten: Familie, Partnerschaft, lose Bindungen verständlich – bis hin zur Betäubung durch Drogen und Drogenersatz)."

– *Zitate von Teilnehmern der Arbeitsgruppe 2 (Persönliche Erfahrungen):*

„Ich sehne mich nach einem, der zu mir steht, mit mir unterwegs ist und weniger immer nur betont: ‚*Ich* aber sage euch!'"

„Ich habe keine Zeit, zu mir selbst zu finden, bin festgefahren durch eine Fülle von Terminen und verrenne mich gleichzeitig in viele belanglose Kleinigkeiten."

„Wir selbst sind freudlos und lassen uns zu sehr vom Alltag überwältigen."

– *Zitate von Teilnehmern der Arbeitsgruppe 3 (Situation der Gemeinde):*

„Ich erlebe die Gemeinde in ihrer Isolation von den Zeitproblemen."

„Es gibt in unserer Gemeinde zu viele Gruppen, die das eigene Ich zu sehr herauskehren."

„Viele Gemeindemitglieder leben von Klischees und nehmen die *Wirklichkeit* nicht genügend zur Kenntnis: Wo leiden die Menschen?"

„Unser Pfarrhaus ist wie eine Burg, in die nichts eindringen kann!"

– *Zitate von Teilnehmern der Arbeitsgruppe 4 (Situation der Kirche):*

„Leider erwarten sich viele Menschen von der Kirche nichts mehr. Die Kirche hat sich zu sehr vom Leitbild Jesu entfernt."

„Ich leide unter der Sprachlosigkeit der Kirche angesichts der ungeheuren Probleme und unter dem Verschleiß der kirchlichen Verkündigung."

„Die Kirche steht in Gefahr, zu sehr um die eigenen Probleme zu kreisen."

Eine Spontanbefragung über den Ist-Stand

Ein solches Gespräch über die Situation in der Gemeinde kann auch mit Hilfe gezielter Fragen eines nicht zu umfangreich gestalteten Fragebogens in Gang kommen. Verschiedene Befragte: etwa Mitarbeiter des Pfarrgemeinderats, Mitglieder von Gruppen und Kreisen werden angeregt, sich über einzelne Bereiche des gemeindlichen Lebens, Entwicklungen und spontane Beobachtungen Rechenschaft zu geben.

Methodisch kann dies etwa folgendermaßen geschehen: Der hier wiedergegebene Fragebogen soll spontan ausgefüllt werden.[3]

FRAGEBOGEN

I. Sendung und Auftrag der Gemeinde

1. Wie erfüllt die Gemeinde ihren *Weltauftrag:* in der Gesellschaft, im öffentlichen Leben angesichts der Lebensprobleme der Menschen?
2. Welche Bemühungen gibt es, die Gemeinde als *offene* und *einladende* Gemeinde erfahrbar werden zu lassen?
3. Wodurch wird das religiös-geistliche Klima in der Gemeinde geformt und gefördert?

II. Gemeinsame Verantwortung

1. Wer fühlt sich in der Gemeinde für das Gemeindeleben verantwortlich? Wie zeigt sich das?

2. Wie viele Gemeindemitglieder engagieren sich:
   - durch die Übernahme einer besonderen Aufgabe,
   - in pfarrlichen Gruppen?
3. Wie viele *Mitarbeiter* gibt es unter
   - Jugendlichen
   - Frauen
   - Männern?
4. Für welche Aufgaben wurden Mitarbeiter gesucht?
5. Was wurde in letzter Zeit unternommen, um neue Mitarbeiter zu gewinnen?

III. Gemeinschaft und Einheit

1. Wie werden in der Gemeinde Gemeinschaft und Einheit erfahrbar?
2. Wodurch wird diese Einheit gefördert?
3. Was gefährdet das Gemeinschaftsbewußtsein?
4. Wann und wodurch kommt es in der Gemeinde zu Konflikten?

IV. Informationen – Öffentlichkeit

1. Wie (wie oft) wird über Ereignisse und Probleme der Gemeinde informiert?
2. Wen erreichen solche Informationen:
   - Kirchenbesucher
   - bestimmte Gruppen
   - alle Haushalte?
3. Gibt es Gemeindemitglieder, die nie (selten) informiert werden?
4. Wer ist für die Information der Gemeinde zuständig?
5. Worüber möchten Sie selbst (besser) informiert werden?
6. Wie äußert sich die Öffentlichkeit (örtliche Presse) über gemeindliche Ereignisse?

V. Kontakte – Kommunikation

1. Wie oft und wo kommen Gemeindemitglieder außerhalb des Gottesdienstes zusammen:

- in Gruppen
- zu Gesprächen
- zu Bildungsveranstaltungen, Geselligkeit?

2. Welche Gruppen gibt es in der Gemeinde?
   Wie oft treffen sie sich?
3. Was kann die Kommunikation, die zwischenmenschlichen Kontakte in der Gemeinde verbessern?
4. Welche Schwierigkeiten ergeben sich in der Gemeinde bei der Verbesserung der Kontakte
   - zwischen den Gläubigen
   - zwischen den Gruppen (untereinander und zur Gemeinde)?
5. Spielt die Gemeinde im Leben der Menschen eine Rolle?

Über die Ergebnisse wird unmittelbar in kleinen Gruppen gesprochen: Man tauscht sich aus über den eigenen Wissensstand, bestimmte Tendenzen, Informationen, Schwerpunkte und Formen der pastoralen Arbeit in der Gemeinde. Man erfährt Wichtiges über Fakten und Tendenzen, stellt Fehlentwicklungen, Lücken im pastoralen Wirken fest und kann kontrollieren, wie weit die Mitglieder der Gemeinde an Ereignissen im Leben der Gemeinde interessiert sind, sich engagieren, mitleben und in Entscheidungsprozesse einbezogen werden.

Erste Eindrücke mit Hilfe einer optischen Veranschaulichung

Einen eher „spielerischen", aber durch die Weise des Vorgehens zugleich interessanten Einstieg in das Gespräch versucht eine graphische Darstellung, bei der die Aktivitäten in der Gemeinde nach ungefähren Prozentangaben in ein System von ineinandergefügten Kreisen eingetragen werden sollen. Die Fragestellungen dabei lauten: Was geschieht? Für wen? Durch wen?

Wer mit der Bahn fährt, kennt die Einteilung des Tarifnetzes in Nah- und Fernzonen. Ähnliches gilt für das Fernsprechnetz. Diese vielen vertraute Orientierungshilfe legt es nahe, persönliche Eindrücke, die Gemeindemitglieder haben, nach persönlicher Schätzung in Prozentzahlen in eine derartige Graphik einzeichnen zu lassen. Dabei können z. B. Bereiche einer pastoralen Schwerpunktbildung, Bemühungen um einzelne Zielgruppen, das Engagement bestimmter Gruppen in der Gemeinde erfragt werden:

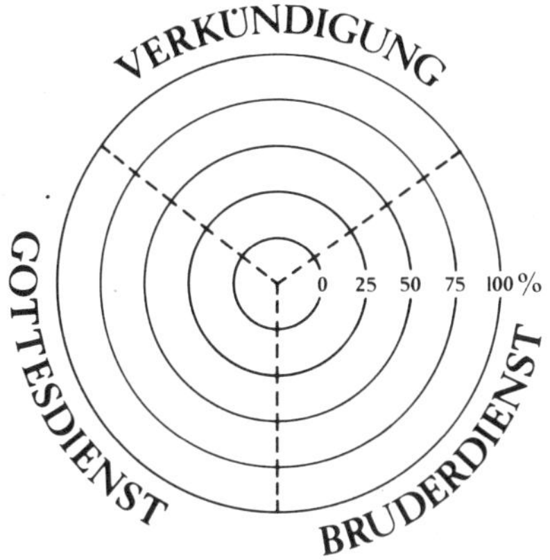

WAS GESCHIEHT?

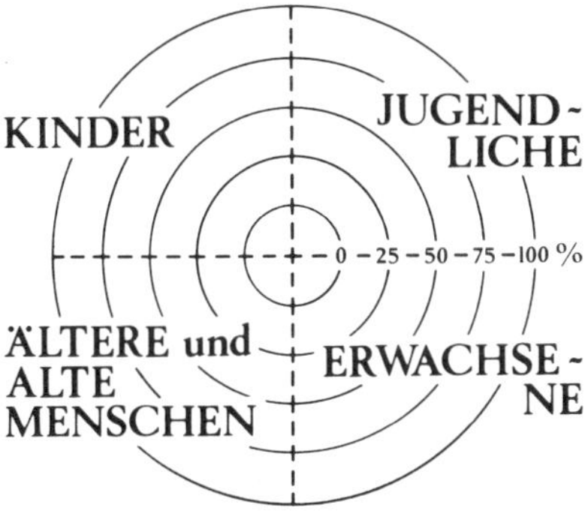

FÜR WEN?

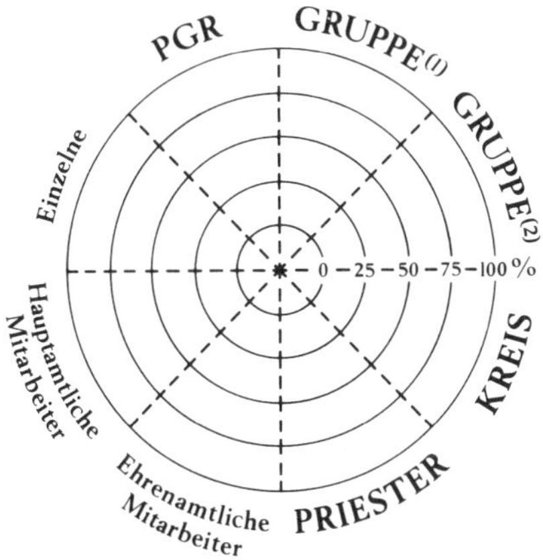

DURCH WEN?

Die Befragten antworten aufgrund ihrer Kenntnisse, ihres Informationsstandes, ihrer Einsichten in das Leben der Gemeinde.

Auch in diesem Fall gibt es aufgrund der Ergebnisse, die die Mitglieder der Gruppe miteinander vergleichen, einen Austausch im Sinne des eben geschilderten Gesprächs über die pastorale Praxis in der Gemeinde.

b) Das Vorhaben ,,Pfarranalyse" (im Sinne einer ,,Selbstuntersuchung")

Die im folgenden beschriebene Pfarranalyse, sie geht wesentlich auf einen von Rolf ZERFASS erarbeiteten Vorschlag zurück[4], verfolgt das Ziel, möglichst umfassende Angaben und Materialien zum Ist-Stand der Seelsorge in der Gemeinde und die zugrundeliegenden Bedingungen und Voraussetzungen – besonders auch aus dem soziologischen Umfeld – zu sammeln, zusammenzustellen, zu sichten und auszuwerten.

Die Grundidee einer solchen Pfarr- oder Gemeindeanalyse ist nicht in erster Linie die bloße Sammlung von Zahlen, Daten und Fakten, auch nicht eine reine Auflistung pastoraler Aktivitäten im Umfeld der Gemeinde bzw. im Rahmen der Gemeindearbeit. ZERFASS hat diese detaillierte Erhebung des Ist-Standes ursprünglich als Projekt im Rahmen eines pastoralen Praktikums konzipiert, um angehenden Mitarbeitern in der Pastoral ,,einen Einstieg in das pastorale Feld *Gemeinde*" zu erleichtern und sie zur Reflexion des pastoralen Handelns zu befähigen.[5] In einer Gemeinde kann und soll eine derart umfangreiche Analyse nur durchgeführt werden, wenn die Verantwortlichen ernsthaft bereit sind, die Chancen einer pastoralen Erneuerung der Gemeinde in Angriff zu nehmen und zu nützen.

Ausgehend vom *Hintergrund,* der im Zusammenhang einer detaillierten Analyse im Sinne einer ,,Selbstuntersuchung" zu beachten ist, sollen praktische Hinweise gegeben werden, um dann die Arbeitsunterlage vorzustellen.

Die Zielsetzung und Aufgabenstellung der Pfarranalyse

– Zielbewußtes pastorales Handeln

Die Erfahrung bestätigt, daß manche Seelsorger angesichts der Fülle der zu bewältigenden Aufgaben resignieren. So fällt es ihnen schwer, richtig einzuschätzen, wo ein größeres pastorales Engagement notwendig wäre, was sie *zuerst* tun sollten, was *später* getan werden und was völlig unterbleiben könnte.

Im Bereich der Wirtschaft spricht man von „kurz-, mittel- und langfristigen Maßnahmen". „Kurzfristig" bedeutet in der Pastoral: Etwas muß sofort in Angriff genommen werden. „Mittelfristig" bedeutet: Es könnte manches ein bißchen liegen gelassen werden, um es dann um so sorgfältiger in Angriff zu nehmen. Manches läßt sich dadurch sorgfältiger planen und vorbereiten. „Langfristig" kann in der Pastoral heißen: Oft braucht es jenen „langen Atem", daß der Seelsorger sagt: „Ich sehe zwar die Notwendigkeiten jetzt schon. Ich habe auch bereits entsprechende Mitarbeiter, aber ich darf die Gemeinde nicht überfordern." Ein Organismus braucht eine gewisse Behutsamkeit. Alles Lebendige muß wachsen. Ein langfristiges Programm kann man von langer Hand vorbereiten und in Angriff nehmen.

Nicht selten legen die Anforderungen aus der jeweiligen Situation heraus eine bestimmte Rang- und Reihenfolge pastoraler Schwerpunkte nahe. Karl RAHNER hatte bereits 1948 geschrieben: „Die seelsorgliche Bemühung bedarf gerade wegen der fast unvermeidlich unübersehbaren Vielfalt ihrer Betätigung, ihrer Mittel, Weisen und zu betreuenden Menschen einer Mitte, eines lebendigen Zentrums, von dem aus alles seinen rechten Platz, sein gerechtes Maß und seine entsprechend größere oder geringere Bedeutung erhält, eine Mitte, die gleichermaßen planloser Hypertrophie wie eine Verkümmerung einzelner Seelsorgerbetätigungen wehrt."[6]

Wenn z. B. in einer Region mit 9% Arbeitslosen eine Gottesdienstbesucherzählung ergibt, daß kein einziger Arbeitsloser an den Gottesdiensten der zentral gelegenen Pfarrgemeinde teilnimmt, ist das Anlaß, die pastorale Praxis zu befragen: Was könnte in diesem Zusammenhang getan werden? Oder wenn sich bei der Auswertung statistischer Angaben in einer anderen Region herausstellt, daß mehr als die Hälfte der gemischt geschlossenen Ehen nur standesamtlich getraut werden, sind hier Veränderungsprozesse im Gang, die eine Herausforderung an die Seelsorge darstellen. Solche Entwicklungen können einerseits nur festgestellt werden, wenn man durch eine Sammlung von Unterlagen einen Überblick darüber gewinnt, was sich in einer Region, in einer Gemeinde tut, andererseits kann eine detailliertere Analyse Anstöße bieten zu Kurskorrekturen, zur Verlagerung bestimmter Schwerpunkte und zum gezielten Einsatz der Mitarbeiter.

– Die Zusammenarbeit mit den Mitarbeitern

Nicht erst die *Ergebnisse* einer Analyse sollen die Verantwortlichen dazu motivieren, mit den Mitarbeitern zu sprechen, diese bereits entsprechend an der Analyse zu beteiligen, sie mitplanen und mitgestalten zu lassen. Dabei geht es nicht nur darum, ein partnerschaftliches Gesprächsklima zu schaffen, das man in der Gestaltung und Auswertung der Analyse miteinander lernt, sondern hier wächst Entscheidungs- und Verantwortungskompetenz, z. B. im Pfarrgemeinderat, bei den Mitgliedern einer bestimmten Arbeitsgruppe usw.

Das alles setzt voraus, daß sich die Beteiligten einen Überblick verschaffen können, was pastoral jetzt geschieht und was getan werden soll. Hier haben Mitarbeiter besondere Möglichkeiten. Gerade die ehrenamtlichen Mitarbeiter haben den Vorzug, daß sie viel mehr Menschen unmittelbar begegnen, unmittelbarer mit ihnen im Gespräch sind. Die Hauptberuflichen, oder manche, die im Nebenberuf mitarbeiten, haben vielleicht eine größere Sachkompetenz. (Sie sind sachkundig in Fragen der Jugendarbeit, der Erwachsenenbildung, der Beratung, Gesprächsführung.)

Wer Verantwortung trägt und Entscheidungen fällt, soll wissen, warum etwas getan werden soll, auf welche Weise und mit wem zusammen.

Ansatzpunkte und Schwierigkeiten der Pfarranalyse

Um die pastoralen Probleme in der Gemeinde und im größeren sozialen Umfeld herausarbeiten zu können, sind neben dem Sachverstand genauere Kenntnisse und die Beobachtung längerfristiger Entwicklungen notwendig. Gegebenenfalls führen Gespräche im oben beschriebenen Sinn und Rahmen zur Einsicht, daß in der Gemeinde eine exakte Analyse sinnvoll und durchführbar ist.

Im Zusammenhang damit stellen sich dann folgende Fragen:

– Was soll untersucht und erhoben werden?[7]

Gesellschaftliche Daten sind insofern wichtig, als sie Aufschluß darüber geben, wie die Menschen im Raum der Gemeinde und im größeren Bezugsraum leben ,,und welche Rolle der Glaube bei der Bewältigung ihres Lebens spielt (und spielen könnte). Die Erhebung der Verhältnisse und Bedürfnisse vor Ort soll . . . helfen, bei der Verkündigung des Evangeliums und in der seelsorglichen Begleitung situationsgerecht zu handeln . . . Welcher verborgene Zusammenhang könnte zwischen diesen statistischen Daten und dem religiösen Leben dieser Menschen bestehen? Welche religiöse Praxis (oder welches Defizit) läßt sich von dorther verstehen?"[8]

– Wie erhalten die Mitarbeiter der Gemeinde die gewünschten Informationen?
  Die gewünschten Unterlagen sind normalerweise am ehesten über Kontakte zu den zuständigen Behörden und kommunalen Stellen (Rathaus, Gemeindeamt, Schulen), den Repräsentanten der Institutionen, Vereine, Parteien usw. zu erhalten. Heute erschweren Datenschutzbestimmungen die Informationsbeschaffung erheblich. Deshalb wird man auf schon vorhandene schriftliche Unterlagen und Veröffentlichungen (Gemeindeblätter, Lokalnachrichten, Chroniken usw.) zurückgreifen.[9]

– Wie sollen die Informationen ausgewertet werden?
  Es ist wichtig, die erhaltenen Informationen sorgfältig auszuwerten, zu dokumentieren, bereits vorhandenen Informationen zuzuordnen und für das Gespräch aufzubereiten. Für eine verläßliche Auswertung ist darauf zu achten, daß die Ergebnisse nicht zur Bestätigung vorhandener Wunschvorstellungen mißbraucht werden. Die Zahlen sprechen immer nur dann, wenn sie zu vergleichbaren Zahlen in Beziehung gesetzt werden. Aufschlußreich ist ein Vergleich mit früheren Jahren oder mit den Durchschnittszahlen der Region oder der Diözese. Bei einer Veröffentlichung für ein breiteres Publikum (z. B. im Pfarrblatt) ist auf eine exakte Dokumentation zu achten.

Auch Zahlen, aber besonders eingeholte Interviews und Gespräche lassen pastorale Probleme offenkundig werden. Es ist wichtig, daß sie reflektiert und die dahinter stehenden Probleme ausgearbeitet werden.

– Der Bezug zum größeren Umfeld

Die Pfarrei ist zwar ein eindeutig abgegrenztes Gebiet; andererseits ist eine klare Abgrenzung aufgrund der wachsenden räumlichen und sozialen Mobilität nicht mehr möglich. Dazu kommt vielfach die Einordnung der Gesamtgemeinde in größere Raumeinheiten mit Verwaltungsbehörden, Schulen, Arbeitsplätzen, Freizeitstätten. Verwaltungsgrenzen decken sich nicht mehr mit Lebenseinheiten. Überörtliche Strukturen spielen auch sonst eine große Rolle (Einrichtungen der Lebensfürsorge, Krankenhäuser usw.), so daß das größere Umfeld unbedingt berücksichtigt werden muß.

– Die religiös-kirchliche Situation des Gesamtraumes

Dieser Teil der Analyse setzt bei der konkreten Situation im Umfeld und am Ort an. In Fragen der ökumenischen Zusammenarbeit im pastoralen Bereich geht es nicht zuletzt darum, ein Bewußtsein für die Kooperation im Sinne der Einheit des ,,Leibes Christi" zu wecken. In der Begegnung mit nichtchristlichen Religionen eröffnen sich Perspektiven, die über die Ökumene unter Christen hinausreichen.[10]

– Schwerpunkte der Seelsorge

Die Gesichtspunkte, nach denen die Lebensäußerungen der Gemeinde in der Arbeitsunterlage zusammengestellt sind, können nicht für jede Gemeinde im voraus festgelegt werden. Das Bild einer Gemeinde wird nicht zuletzt von der Kooperation der Gemeindeleitung mit den Mitarbeitern und vom Zusammenwirken der verschiedenen Gemeinschaften, Gruppen und Kreise bestimmt.

PFARRANALYSE

I. *TERRITORIALE VORAUSSETZUNGEN*
1.1 Raum- und Siedlungsstruktur
1.2 Geschichtliche und neuere Entwicklungen
1.3 Stadt-, Ortsteile (Eingemeindungen)
1.4 Verkehrsverbindungen

II. *SOZIALE GEGEBENHEITEN IM UMFELD*
a) Bevölkerungsstruktur
2.1 Einwohnerzahl des Gesamtraumes
2.2 Einwohnerzahlen der einzelnen Teile des Gesamtraumes
2.3 Alterspyramide
2.4 Haushalte (Einzel-, Mehrpersonenhaushalte)
2.5 Berufliche Schichtung (Arbeiter, Angestellte, Freiberufliche, berufstätige Frauen)
2.6 Pendler
2.7 Gastarbeiter
2.8 Schüler
2.9 Jugendliche in Ausbildung

b) Infrastruktur des Gesamtraumes
2.10 Zuständigkeiten der kommunalen Verwaltung, Behörden, Organisationen
2.11 Nahversorgung
2.12 Industrie – Handel, Gewerbebetriebe
2.13 Bildungsinstitutionen (Kindergarten, Schulen, Volkshochschulen)
2.14 Vereine und Gruppierungen
2.15 Parteien und Gewerkschaften
2.16 Kultur – Freizeit – Erholung
2.17 Ärztliche und therapeutische Versorgung (Krankenhäuser, Beratungsstellen, Sozialstationen)
2.18 Heime (Altersheime)

III. *RELIGIÖS-KIRCHLICHE SITUATION DES GESAMTRAUMES*
3.1 Konfessions- und Religionszugehörigkeit
3.2 Evangelische Gemeinden und Einrichtungen
3.3 Einrichtungen anderer Religionsgemeinschaften
3.4 Mischehen
3.5 Kirchenaustritte
3.6 Katholische Pfarrgemeinden
3.7 Orden, Personalgemeinden
3.8 Teilnahme am kirchlichen Leben (Sakramente an den Lebenswenden)
3.9 Brauchtum
3.10 Beziehungen zur mittleren pastoralen Ebene (Dekanat, Region)
3.11 Überpfarrliche Einrichtungen (Häuser – Heime)

IV. *PFARRSTRUKTUR*
a) Pfarrstatistik

4.1 Altersstruktur
4.2 Haushalte
4.3 Berufliche Schichtung
4.4 Pendler
4.5 Gastarbeiter
4.6 Alleinerzieher
4.7 Geburten
4.8 Taufen
4.9 Trauungen
4.10 Beerdigungen
4.11 Gottesdienstbesuch
4.12 Kirchenaustritte
4.13 Re- und Konversionen
4.14 Verbände, Vereine, Gruppen, Gemeinschaften (Bestand, Ziele, Arbeitsweise)
4.15 Bürgerinitiativen

b) Gemeindeleitung
4.16 Pfarrer, Leitungsteam
4.17 Pfarrgemeinderat und Fachausschüsse
4.18 Pfarrbüro
4.19 Mitarbeiter und ihre Zuständigkeitsbereiche
4.20 Hauptberufliche Mitarbeiter
4.21 Nebenberufliche und ehrenamtliche Mitarbeiter

V. *SCHWERPUNKTE DER SEELSORGE*
a) Verkündigung und Evangelisation
5.1 Predigt
5.2 Gemeindekatechese
5.3 Kindergarten und schulischer Religionsunterricht
5.4 Theologische Erwachsenenbildung
5.5 Glaubensinformation

b) Liturgie und Spiritualität
5.6 Gottesdienste (Gemeinde-, Gruppengottesdienste)
5.7 Sakramentales Leben
5.8 Spirituelle Angebote (Gebet, Meditation, Besinnung, Exerzitien, Wallfahrten)

c) Individuelle und soziale Diakonie
5.9 Sozialstation
5.10 Besuchsdienst
5.11 Wohnviertelarbeit
5.12 Einzelhilfe
5.13 Seelsorgliche Kooperation

d) Ökumene
5.14 Kontakte und pfarrliche Initiativen

e) Mission und Entwicklungshilfe
5.15 Projekte der ganzen Gemeinde
5.16 Einzelinitiativen

f) Gemeinde in der Begegnung
5.17 Öffentlichkeitsarbeit
5.18 Verhältnis der Gemeinde zu gesellschaftlichen Institutionen und Gruppen

2. Der Vorrang der Seelsorge: Der Maßstab zur Reflexion des Befundes

Eine derart umfangreiche Analyse bringt Probleme ans Licht, die es erforderlich machen, Schwerpunkte der Tätigkeiten in der Seelsorge herauszukristallisieren, ohne daß die Grundaufgaben der Pastoral dabei aus dem Auge verloren werden müßten.

Für die Setzung von Prioritäten in der Pastoral erscheint höchst bedeutsam, was Heinz FLECKENSTEIN bei der Auswertung der repräsentativen Katholikenumfrage im Zusammenhang der Würzburger Synode mit einem „Mehr an Seelsorge" bezeichnet hat.[11] ZERFASS ist der Auffassung: „Manchmal weiß es der kleine Mann einfach besser. Während man in den Obergeschossen kirchlicher und theologischer Reflexion den Begriff Seelsorge in den letzten zwanzig Jahren zunehmend problematisierte und durch Begriffe wie ‚Heilssorge' oder ‚Heilsdienst' zu ersetzen bemüht war, hat er sich unten, im Parterre des kirchlichen und gesellschaftlichen Alltags, einen unangefochten guten Klang bewahrt: Ein Seelsorger ist ein Mensch, der ansprechbar und einsatzbereit, verschwiegen und verläßlich, verantwortungsbewußt und aufrichtig ist. Er versteht etwas vom Leben und seinen Aporien, verschanzt sich nicht hinter Paragraphen, hat selber ein Gewissen und wagt auch andere auf ihr Gewissen hin anzusprechen."[12] Hier zeichnet sich ein Verständnis von „Seelsorge" ab, das nicht nur Auswirkungen auf das Priesterbild hat. Wenn immer mehr Menschen „für das Finden des Lebenssinns und die Bewältigung existentieller Daseinsnöte" nach einem verlangen, der „in geistlichen Fragen [der] ‚Erfahrene' [ist], dem man sich anvertrauen kann, gerade in den existentiellen Nöten des persönlichen Lebens"[13], ergeben sich daraus nicht nur eindeutige Schwerpunkte für den seelsorglichen Dienst in der Gemeinde, sondern auch für die Akzente im Priestersein (auch für die Mitarbeiter in der Gemeinde).

II. HANDELN AUF ERKANNTE UND GESTECKTE ZIELE HIN

Elemente der pastoralen Planung im Sinne einer Schwerpunktsetzung

Dem Abschnitt über die pastorale Planung, die sich u. a. aus der Analyse ergibt, soll mit Bedacht eine Stelle aus dem Propheten *Sacharja* vorangestellt werden.[14] „Da war ein Mann mit einer Meßschnur in der Hand. Ich fragte: Wohin gehst du? Er antwortete mir: Ich gehe, um Jerusalem auszumessen und zu sehen, wie breit und wie lang es sein wird. Da trat der Engel, der mit mir redete, vor, und ein anderer Engel kam ihm entgegen und sagte zu ihm: Lauf und sagt dem jungen Mann dort: Jerusalem wird eine offene Stadt sein wegen der vielen Menschen und Tiere, die darin wohnen. Ich selbst – Spruch des Herrn – werde für die Stadt ringsum eine Mauer von Feuer sein und in ihrem Innern ihr Ruhm und ihre Ehre." (2, 5–9)

Heribert GAULY beschließt mit diesem Text seine Überlegungen zur „Seelsorgeplanung in der Ortskirche".[15] Darin stellt er fest: „Wer heute das Anliegen einer Seelsorgeplanung vertritt, wird immer wieder auf zwei gegensätzliche, aber in gleicher Weise bedenkliche Mißverständnisse treffen: Die einen fordern und feiern Planung fast wie eine neue Heilslehre, die der Kirche einen Ausweg aus ihren Schwierigkeiten bringen soll, die anderen fürchten in ihr den Einbruch der Technokratie, die das spirituelle Fundament der Kirche verkennt und sie mit einem ‚Industrieunternehmen' oder einem ‚Dienstleistungsbetrieb' verwechselt."[16]

Bis heute spielen emotional gefärbte Grundeinstellungen und „ungeprüfte Vorurteile" eine Rolle, wenn es um Planung der Seelsorge im Sinne einer Festsetzung von Prioritäten geht.

1. Einzelne Planungsschritte

a) Allgemeine Imperative – wenig hilfreich

Eine Gemeindeleitung, die sich im unklaren ist, was sie erreichen will, kann noch so gute einzelne Anstrengungen unternehmen, vieles wird ins Leere gehen. Der erste und wichtigste Schritt jeder Planung ist die möglichst exakte eindeutige Festlegung von Zielen. GAULY definiert Planung „als gestaltendes Handeln auf ein erkanntes und gesetztes Ziel hin".[17] Daraus ergibt sich, klare Zielvorstellungen sind die entscheidenden Voraussetzungen einer zielgerichteten pastoralen Planung.

Allgemeine Ziele lassen sich verhältnismäßig leicht formulieren, so etwa: „Unsere Pfarrei muß zur Gemeinde werden!" Schwierigkeiten fangen an, wenn diese allgemeinen Ziele konkretisiert werden sollen. Was kann die Planung hier erreichen?

FRIEDBERGER schreibt zur Zielbestimmung: Sie muß zwar „so allgemein sein, daß die ganze Gemeinde daran beteiligt werden kann". Ziele sollen so weit gefaßt sein, daß sie über längere Zeit hindurch verfolgt werden können. Andererseits jedoch sollen pastorale Ziele „zentrale Aufgaben der Seelsorge betreffen" und in alle Bereiche der Seelsorge hineinreichen. Ziele sollen die Beteiligten und Betroffenen motivieren und aktivieren.[18]

Manche seelsorgliche „Sackgassen", Fehlinvestitionen und Fehlschläge lassen sich vermeiden, wenn die erforderlichen Planungsschritte Berücksichtigung finden.

b) Ein Planungs-Team

Für die Festlegung der Planung ist die Einbeziehung möglichst vieler Mitarbeiter und Mitglieder aus der Gemeinde sinnvoll. Dennoch sollte nach Möglichkeit ein eigenes Planungs-Team eingesetzt werden. Für dessen Zusammensetzung ist entscheidend, daß die Team-Mitglieder durch ihre Erfahrung und ihre Fachkompetenz etwas zur Lösung der anstehenden Probleme beitragen können. Unter keinen Umständen darf ohne Kontakte zu den direkt Betroffenen geplant werden. Eine Planungsidee hat nur dann Chancen, erfolgreich verwirklicht zu werden, wenn es dem Planungs-Team gelingt, die Beteiligten von der Notwendigkeit einer Aktivität zu überzeugen.

Dies soll an einem Beispiel verdeutlicht werden. In einer Stadtpfarrei stellte sich anläßlich des Todes einer Heiminsassin eines Altenwohnheims folgendes Problem: Die Angehörigen meldeten die Beerdigung beim zuständigen Pfarramt. Kurze Zeit später erhoben Mitglieder einer Sekte gerichtlichen Einspruch gegen die kirchliche Beerdigung. Aufgrund von Nachforschungen ergab sich folgender Tatbestand: Die Sektenmitglieder hatten fast unbemerkt in mehreren Altenwohnheimen eine große Aktivität entfaltet. Es war ihnen gelungen, eine Reihe von alten Menschen zum Übertritt in ihre Sekte zu gewinnen. Als die Angehörigen davon erfuhren, war es zu spät. Das Pfarramt erhielt von der Aktivität der Sekte in Altenwohnheimen und bei alleinwohnenden alten Gemeindemitgliedern erst aufgrund dieses Vorfalls Kenntnis. Im Mitarbeiterteam wurden Schritte überlegt, um diesen Aktivitäten durch entsprechende Maßnahmen der Altenpastoral begegnen zu können.

c) Teilziele formulieren

Die Seelsorge erfordert unterschiedliche Konkretisierungen in die verschiedensten Lebensbereiche hinein. Von daher sind pastorale Überlegungen gefragt. Es geht um die notwendige Sensibilität der Mitarbeiter, um ihre Bereitschaft, alltägliche Grunderfahrungen, aber auch Lebenskonflikte und -krisen als Herausforderungen an den Glauben und als Anspruch des Evangeliums ernst zu nehmen.

2. Pastorale Prioritäten

Ein Schwerpunktprogramm aufgrund der in den vorausgehenden Kapiteln erarbeiteten Prioritäten des pastoralen Handelns läßt sich nie rein *theoretisch, vollständig* oder gar im Sinne von mit Mehrheitsbeschlüssen verabschiedeten Initiativanträgen des Pfarrgemeinderats oder eines Gemeindeforums aufstellen. Die Möglichkeiten der Planung dürfen nicht überschätzt werden. Sie stoßen dort an ihre Grenze, wo das ,,Geheimnis der Kirche" beginnt.[19] Je ernster die bereits mehrfach zur Sprache gebrachte ,,geistliche Dimension" im Leben einer Gemeinde genommen wird, je klarer die Voraussetzung mitbedacht wird, daß sich die entscheidenden Gesichtspunkte im Leben der Gemeinde nicht ,,machen" und ,,herstellen" lassen, sondern ,,Werk" und ,,Geschenk" Gottes sind, desto bewußter können andererseits pastorale Schwerpunkte gesucht, gemeinsam reflektiert und mit der dazu erforderlichen pastoralen Geduld und Gelassenheit in die Praxis umgesetzt werden.

Das Hauptziel im Leben einer missionarisch offenen und deshalb nach außen anziehend und nach innen ,,erlöst" und ,,heil" wirkenden Gemeinde ist die im bekennend preisenden, im gemeinsam feiernden und liebenden Tun geschehende Vergegenwärtigung des Erlösungsgeheimnisses, aus dem Kirche und Gemeinde lebt.

III. ANSTÖSSE FÜR DIE PRAXIS: IDEEN UND VORSCHLÄGE

1. Eine missionarische Pastoral

In einer missionarischen Pastoral geht es darum, daß die Gemeinde aus dem Sendungsauftrag Jesu Christi offen ist für *die* Aufgabe der Kirche in der Welt, den Menschen „die Güte und Menschenliebe Gottes, unseres Retters" (Tit 3, 4), zeichenhaft vorzuleben, die in Jesus Christus erschienen ist (vgl. ebd. 2, 11). Im Gehorsam gegenüber dieser Sendung geht es nicht um zusätzliche „Maßnahmen", der Gemeinde eine „missionarische Ausrichtung" zu geben. Karl RAHNER schreibt: „Wenn ein Mensch, der Christ ist, . . . reflex realisiert, daß er zu einem unendlich ewigen Leben in der Unmittelbarkeit Gottes berufen ist, dann muß er das auch anderen sagen. Er muß von diesem ausdrücklich zu sich selber gekommenen Glück anderen mitteilen wollen, so daß von ihm aus eben dieses Heilszeichen der Welt, Kirche genannt, bleibt, wächst und immer mehr Menschen gewinnt, die zu dieser innersten Begnadigung auch ausdrücklich gekommen sind."[20]

Wie stark die „Sichtbarkeit" und „Greifbarkeit" des „Heilszeichens: Kirche – Gemeinde" in der Welt zur Geltung kommt, hängt nicht zuletzt davon ab, wie die Gemeinde, die einzelnen und die Gruppen in ihr, der Ausdrücklichkeit dieser „Zeichenfunktion" Rechnung tragen. Gemeinden, die vom Glauben an den Auferstandenen getragen, diese „Erlösung" und „Befreiung" anderen mitteilen wollen, können unbefangener missionarisch sein als Gemeinden, die nur aus dem Gedanken leben, sich auf dem „Rückzug" zu befinden. „Eine Gemeinde, die nicht notwendigerweise von der Vorstellung gequält wird, in ihr praktizieren nur 15% ihrer Glieder, eine Gemeinde, die zunächst einmal sich der Zahl ihrer wirklichen, lebendigen Gemeindemitglieder erfreut, hat eine größere Chance für einen missionarischen Geist als eine Gemeinde, in der von vornherein wie ein Krebsgeschwür das drückende Gefühl grassiert, sie sei in Wirklichkeit gar nicht das, was sie sein sollte, weil ja 85% ihrer Mitglieder abständig sind."[21]

Christen, die von jenem inneren „Feuer" brennen, das mit Jesus in die Welt kam (Lk 12, 49), die den „Geist nicht auslöschen" (1 Thess 5, 19), werden missionarisch sein. Auf die Kraft des Geist-Beistandes vertrauend (vgl. Phil 1, 19), finden sie sich mit der Realität ab, daß sie in der Welt nur eine „Minderheit" sein sollen, eine Minderheit freilich, die der Welt als ganzer das Heil in Aussicht stellt und selbst aus diesem Heil lebt.

a) Eine offene und einladende Pastoral

Eine Gemeinde – im Sinne des mehrfach genannten Lebensraumes für alle – dürfte sich, bei aller Wahrung der christlichen Identität, in erster Linie nicht bloß abgrenzen von denen, die nicht dazugehören, sondern sollte sich positiv als Ort der Sammlung und Beheimatung anbieten.

Ein neuer Nachweis von „Kirchlichkeit"

Eine Gemeinde ist dann missionarisch, wenn sie möglichst intensiv auch in außerkirchliche Bereiche hineinwirkt. Während man in der traditionellen Pastoral die „Kirchlichkeit" am Nachweis der Teilnahme am innerkirchlichen (besonders gottesdienstlichen) Leben gemessen hat, wäre eine missionarische Gemeinde aus der Sicht ihres Auftrags dann „kirchlich", wenn sie inmitten unserer Lebenswelt zum Zeugnis unserer spezifisch christlichen Hoffnung bereit ist.[22] Nach Eugen ROSENSTOCK-HUESSY keimt „die Saat des Christentums" schon jetzt „in weltlichen Lebensformen ebenso reichlich wie in den Kirchenbänken, und einige Seelen werden sich von dem Lichte vollen christlichen Bewußtseins abwenden und an der Peripherie verchristlichter Berufe leben müssen, wo sie nur indirekt von den Folgen des Christentums umgeben sind . . . Faktisch leben ja Millionen bereits so. Aber unsere Liebe muß sie erreichen."[23]

Dieser Gedanke, daß die Welt auch über „das offizielle Kirchentum hinaus eine christuserfüllte Welt" ist[24], könnte zu einer offenen und einladenden Pastoral motivieren.

Eine wichtige Konsequenz wäre die Beachtung aller Schnitt- und Berührungspunkte, an denen die Gemeinde in Kontakt kommt mit den Menschen. Eine einladende Pastoral würde die Gemeinde aber auch zum ,,Asyl" und ,,Schutzraum" werden lassen für alle Geschädigten, Behinderten, Kleinen und Isolierten, denen situationsgerechte Hilfe zuteil werden soll.

b) Eine dialogische Pastoral

An die Stelle der undifferenzierten *Angebote* einer ,,Pastoral für alle" muß das Gespräch mit *dem* und *den* einzelnen treten, das in alltäglichen Situationen von ,,alltäglichen" Christen geführt wird. Es gilt freilich die Christen für dieses Gespräch über ihren Glauben zu sensibilisieren und zu befähigen. Der Dialog darf dann aber keine bloße ,,Taktik" sein, um zu erreichen, was wir durch klassische Formen einer missionarischen Pastoral nicht erreicht haben, sondern dann muß der Dialog ein Grundprinzip der Pastoral sein. Eine solche Form des Dialogs fordert das ganze Menschsein des Christen ein: seine Brüderlichkeit, Fröhlichkeit und Leidensfähigkeit, seine Bereitschaft zum Lachen und Trauern.

2. Die Bedeutung des geistlichen Handelns

Neben den Schwerpunkten der Seelsorge, dem gesellschaftlichen Engagement, dem Bemühen um die der Kirche und der Gemeinde Fernstehenden, um die regelmäßige Kommunikation in der Gemeinde bildet die *geistliche* Dimension die Grundlage für das Leben der Gemeinde, auch ihres pastoralen Wirkens. Dabei geht es nicht nur um die liturgiegerechte Gestaltung der Gottesdienste: die gemeindliche Eucharistiefeier, die Möglichkeiten, gelegentlich in kleineren Gruppen Eucharistie zu feiern, lebensnahe Formen der Feier der Sakramente, sondern es geht auch um die persönliche Frömmigkeit:
- Formen des privaten Gebets,
- Möglichkeiten der Meditation,
- das gemeinsame Beten und Singen außerhalb der offiziellen Liturgie,

- Weisen der Teilnahme am Stundengebet der Kirche,
- Schriftlesung, -betrachtung und Schriftgespräche,
- verschiedene Weisen des Glaubensgesprächs,
- geistliche Besinnung und Exerzitien.

Die Art und Weise, wie diese Ausdrucksformen einer persönlichen und gemeinsamen Frömmigkeit realisiert werden, kann verschieden sein. Gruppen und Kreise der Gemeinde werden versuchen, verschiedene Möglichkeiten des privaten oder gemeinschaftlichen Tuns in der Weise des „Hausgebetes" (gelegentlich auch nach Art einer Familienliturgie) zu pflegen. Häufig werden die Zeiten und Feste des Herrenjahres Anregungen bieten und unmittelbarer Anlaß sein. Wenn nicht im Pfarrgemeinderat, in kirchlichen und pfarrlichen Gruppen damit begonnen wird, die Verbindung zwischen dem Alltag und den Festen des Kirchenjahres herzustellen, bleiben die mannigfachen Bemühungen der liturgischen Erziehung und Katechese in dieser Hinsicht ohne Erfolg. Das Beispiel des Teams, das das Pfarrhaus zu einem geistlichen Haus werden läßt, gemeinsame Erfahrungen in Gruppen und Kreisen werden anregend wirken.

Der gemeinsame Umgang, auch die entsprechende Zusammenarbeit in der Gemeinde (bis hinein in die notwendige Ausschußarbeit) bekommen eine andere Dimension, wenn am Beginn, am Ende oder gelegentlich auch in der Mitte der gemeinsamen Zusammenkünfte ein gesammeltes Schweigen, ein gemeinsames Lied, eine gut vorbereitete Schriftbetrachtung und immer wieder das Gebet stehen.

Dadurch wird den einzelnen bewußt, daß es letztlich Gott ist, dem der entscheidende Anteil beim Aufbau der Gemeinde zukommt. Er ist auch dort am Werk, wo die Mitarbeiter der Gemeinde keinen oder nur wenig Erfolg sehen.

3. Ein aktiver Mitarbeiterkreis

Wenn Schwerpunkte der Pastoral als Frucht der Gespräche im Mitarbeiterkreis auf ihre Durchführbarkeit geprüft, modifiziert und angewandt werden sollen, ist es notwendig, daß die tieferen Schichten der Probleme den einzelnen Mitarbeitern aufgegangen sind. Eine persönliche Auseinandersetzung mit den Problemen und Schwierigkeiten, die zu einer Solidarisierung im Team der

Verantwortlichen führt, ist nur möglich, wenn sich alle mit den Fragestellungen genügend auseinandersetzen konnten.

Notwendig dazu sind regelmäßige Besprechungen im Team, die zeitlich und von der äußeren Gestaltung her als Klausurtage, Wochenendtagungen oder als Wochen-Programme geplant und durchgeführt werden sollten, um eine intensive Beschäftigung mit den Problemkreisen zu ermöglichen.

Die *Gewinnung* von weiteren Mitarbeitern hängt u. a. auch davon ab, inwieweit die bereits vorhandenen Mitarbeiter bereit sind, andere heranzuziehen, Lasten zu verteilen, Projekte mit anderen in Angriff zu nehmen. In der Gemeinde besteht unmittelbare Bereitschaft mitzuwirken, wenn nicht der Eindruck besteht: Hier sind nur ein paar Aktivisten am Werk und erwünscht.

Die Verantwortlichen sollen auf die Vorschläge der bereits in der Gemeinde Tätigen eingehen. Gelegentlich sogar die Frage überlegen: Von wem stellt ihr euch vor, daß er bei uns mitarbeiten könnte? Es geht nicht zuletzt darum, daß sich die Mitarbeiter selbst darüber Gedanken machen, wer für eine aktive Mitarbeit gewonnen werden sollte.

Freilich ist die Übernahme von Mitverantwortung in der Gemeinde auch eine Frage der Kompetenz und in Zusammenhang damit der entsprechenden Aus- und Weiterbildung. Für viele Gemeindemitglieder bedeutet es eine Überforderung, wenn ihnen, gar von heute auf morgen und ohne entsprechende Bildungsangebote, die Übernahme von Mitplanung und Mitverantwortung abverlangt würde. „Es genügt nicht, einsichtig zu machen, daß alle aufgrund der Taufe und Firmung Mitverantwortung zu tragen haben."[25] Mitverantwortung erfordert Sachkenntnis. Die vielfältigen Dienste in der Gemeinde können nur dann wirksam geleistet werden, wenn die zur Mitarbeit Bereitwilligen ihren Aufgaben und bereits vorhandenen Fähigkeiten entsprechend ausgebildet und in ihrer Arbeit begleitet werden. Dafür ist neben einer Einführung in dem besonderen Tätigkeitsbereich vor allem eine spirituelle und pastorale Bildung erforderlich.[26]

4. „Gemeinschaft von Gemeinschaften"

Die Anonymität und Passivität der Gemeinde wird durch die Bildung überschaubarer Gruppen überwunden. Viele Gemeindemitglieder finden über die kleinere Gemeinschaft den Anschluß an die Gemeinde. In solchen Gemeinschaften wird ein intensiveres Leben nach dem Evangelium angestrebt. Die Mitglieder der Gruppen praktizieren einen Lebensstil, der in der größeren Gemeinde zunächst nicht möglich ist. Aber hier entsteht ein lebensfördernder Austausch: Die Gemeinde braucht die kleinen Gemeinschaften als Lebensform, diese wiederum werden in die größere Gemeinschaft der Gemeinde integriert, von ihr beraten, gegebenenfalls auch kritisiert. Das bedeutet, daß keine Gruppe und Gemeinschaft mit ihren Problemen allein gelassen wird. Das gegenseitige Sich-akzeptieren schafft ein Klima der wechselseitigen Ermutigung und Anregung.

Ihr Fundament hat diese *Kommunikation* „im Verständnis der Kirche als eines Leibes mit vielen Gliedern, die durch Christus miteinander verbunden sind und um ihre Abhängigkeit voneinander wissen. Sie ist tätigwerdendes Offensein der Christen im Aufeinanderhören, im Miteinandersprechen, im Voneinanderlernen. Zur Kommunikation gehört der Austausch von Erfahrungen und Gedanken, besonders in persönlichen Begegnungen. Kommunikatives Verhalten macht den einzelnen Christen und die Kirche als Ganzes in der heutigen Gesellschaft glaubwürdig und damit für den Weltdienst fähiger."[27]

Wenn Gemeinde heute deutlicher als „Gemeinschaft verschiedener Gemeinschaften" gesehen wird, die alle aufeinander angewiesen sind, dem Ganzen dienen und in dem Maß zur Wirkung kommen, als sie sich nicht isolieren, sondern ins Ganze hineingeben und am Ganzen orientieren, steht dahinter das Leitbild des „Miteinanderglaubens".[28] Je mehr durch die kleineren Gemeinschaften Räume der Begegnung und Beziehung geschaffen werden, desto mehr werden diese Gruppen zu Orten des pastoralen Handelns und zu lebensnahen Formen der Verwirklichung des Christseins in unserer Gesellschaft.

Anmerkungen zum vierten Kapitel

1 Beschluß „Dienste und Ämter". In: Gemeinsame Synode, 606.

2 Vgl. u. a. Advent und Weihnachten in Familie und Gemeinde. In: Materialdienst. Hrsg. vom Erzbischöflichen Seelsorgeamt Freiburg i. Br., MD 682 – 9, S. 1–4.

3 Die Anregung zu diesem Fragebogen verdankt der Verfasser einer vom Sozialteam: Sozialforschung, Pastoralplanung, Sozialarbeit erarbeiteten Arbeitsunterlage „Kirchliche Gemeinde aus soziologischer Sicht". Steppach 1973.

[4] Vgl. ZERFASS, Rolf: Die Gemeindeanalyse als pastorales Praktikum. In: Diakonia 8 (1977) 395–401; erneut veröffentlicht in: GREINACHER, Norbert, u. Norbert METTE u. Wilhelm MÖHLER (Hrsg.): Gemeindepraxis, 68–76.

[5] Vgl. ZERFASS: Gemeindeanalyse. In: Diakonia 8 (1977) 395 (Hervorhebung vom Verfasser).

[6] RAHNER, Karl: Friedliche Erwägungen über das Pfarrprinzip. In: Zeitschrift für Katholische Theologie 70 (1948) 169–198; erneut veröffentlicht in: Schriften zur Theologie II. 7. Aufl. Zürich–Einsiedeln–Köln 1964, 299–337, hier 307.

[7] Vgl. ZERFASS: A. a. O. 399 f.

[8] Ebd. 399.

[9] Ebd. 399 f.

[10] Vgl. Beschluß „Ökumene". In: Gemeinsame Synode 777.

[11] Vgl. FLECKENSTEIN, Heinz: Erwartungen der Gläubigen an die Kirche, die Priester und die kirchliche Seelsorge. In: Ders. u. Gerhard GRUBER u. Georg SCHWAIGER u. Ernst TEWES (Hrsg.): Ortskirche – Weltkirche. Festgabe für Julius Kardinal Döpfner. Würzburg 1973, 643–666, hier 665.

[12] ZERFASS, Rolf: Der Seelsorger – ein verwundeter Arzt. In: Lebendige Seelsorge 34 (1983) 77.

[13] FLECKENSTEIN: A. a. O. 666.

[14] Der Text Sach 2, 5–9 ist als Motto einer 1968 in Genf veröffentlichten Planungsstudie des Ökumenischen Rates der Kirchen vorangestellt.

[15] Vgl. GAULY, Heribert: Pastoraltheologische Bemerkungen zu einer Seelsorgeplanung in der Ortskirche. In: FLECKENSTEIN, Heinz u. a. (Hrsg.): Ortskirche – Weltkirche, 630–642.

[16] Ebd. 630.

[17] Vgl. zum folgenden bes. ebd. 631–633.

[18] Vgl. FRIEDBERGER, Walter: Pastorale Planung. Handreichung zur Planung der Seelsorge in der Pfarrei. (Pastorale Handreichungen 17) Würzburg 1976, 49–51.

[19] Ebd. 642.

[20] RAHNER, Karl: Warum die Christen eine Minderheit bleiben. Über die Zukunft der Gemeinden. In: Entschluß 37 (1982) H. 12, 16.

[21] Ebd.

[22] Vgl. Beschluß „Unsere Hoffnung". In: Gemeinsame Synode, 100 u. 102.

[23] ROSENSTOCK-HUESSY, Eugen: Des Christen Zukunft oder Wir überholen die Moderne. (Siebenstern-Taschenbuch 57/58) München–Hamburg 1965, 153.

[24] Vgl. ebd.

[25] Beschluß „Räte und Verbände". In: Gemeinsame Synode, 657.

[26] Ebd.

[27] Ebd. 655.

[28] Vgl. das Anliegen des Deutschen Katechetischen Kongresses vom 23. bis 26. Mai 1983 in Freiburg i. Br. „Miteinander glauben lernen".

Fünftes Kapitel

GEMEINDEREFORM?

I. ZUERST DAS REICH GOTTES SUCHEN

1. Gemeinde im Gespräch

Wie ein Überblick über einige Buchtitel der jüngsten Zeit zeigt[1], ist *Gemeinde* nach wie vor im Gespräch. Die Wirklichkeit der Kirche als Gemeinschaft der Glaubenden ist derart „komplex", daß sie auf bevorzugte „Lebens-" und „Erfahrungsräume" bzw. „Ereignisorte" des Glaubens angewiesen ist.[2] Ferdinand REISINGER schließt seine Überlegungen zu den „Möglichkeiten und Grenzen" christlicher Gemeinde u. a. mit folgender These ab: „Begriff und Sozialform ‚Gemeinde' vermögen wesentliche Elemente vom Heilsgeschehen am Ort, von gemeinsamer Verwirklichung des Glaubens als Ereignis einzufangen."[3] Andererseits trägt jedes Konzept von Gemeinde als „Sozialgebilde" notwendig auch den vorhandenen gesellschaftlich-soziologischen Bedingungen und Voraussetzungen der Verwirklichung des Heilsauftrags der Kirche am Ort Rechnung. Die Gemeinde wird in diesem Zusammenhang als „Knotenpunkt", als „Ort der Begegnung zwischen der Sendung der gesamten Kirche und dem Glauben des einzelnen bzw. der Familien" oder der kleineren Gemeinschaften verstanden.[4] Als menschliche Gemeinschaft, als Netz von Beziehungen, ist die Gemeinde damit stets auch ein Teil der Wirklichkeit dieser Welt und deshalb an die Gesetzmäßigkeiten dieser Welt gebunden. Gemeinde steht somit in der bleibenden Spannung des In-der-Welt- und doch nicht Von-der-Welt-Seins. Dadurch ist Gemeinde allerdings „auch sündiges, irrendes, gläubig/ungläubiges Sozialgebilde".[5]

2. Steht Gemeinde dem Reich Gottes im Weg?

Nach dem Zweiten Vatikanischen Konzil ist die Bestimmung der Kirche „das Reich Gottes, das von Gott selbst auf Erden grundgelegt wurde, das sich weiter entfalten muß, bis es am Ende der Zeiten von ihm auch vollendet werde, wenn Christus, unser Leben (vgl. Kol 3, 4), erscheinen wird und ,die Schöpfung selbst von der Knechtschaft der Vergänglichkeit zur Freiheit der Herrlichkeit der Kinder Gottes befreit wird!" (Röm 8, 21)[6]

Wie die Kirche in ihrer Gesamtheit soll vor allem die Gemeinde dazu beitragen, daß der „Reich-Gottes-Impuls" in der Welt verwirklicht wird. Diese Perspektive in der Sinn- und Zielbestimmung von Kirche und Gemeinde ist grundlegend für die Sendung der Gemeinde in die Welt. In der Konsequenz bedeutet dies, daß die Gemeinde in der Nachfolge des Herrn aus der „*Heils-Geschichte* Gottes mit den Menschen . . . zu leben versucht".[7] Die Heilssendung der Gemeinde gibt es, „weil Gott den Menschen liebt und seine Kirche dafür in Dienst nimmt. Die Seelsorge [in der Gemeinde] kommt dann zu ihrem Ziel, wenn sie dieses Kommen Gottes zu den Menschen durchsichtig macht und leuchten läßt."[8] Die Gemeinde lebt von der Bewegung Gottes auf den Menschen zu. Sie ist in aller menschlichen Begrenzung und Schuld von der Treue und vom Erbarmen Gottes gehalten.

Aufgabe der ganzen Kirche und der Gemeinden – in ihren vielfältigen Ausprägungen – ist es, „Zeichen" und „Werkzeug" der Liebe Gottes und seines Heils für die Menschen zu sein. Im Sinne der Formulierung der Würzburger Synode ist Gemeinde als Verwirklichungsform von Kirche „für die Welt das bleibende Zeichen der Nähe und Liebe Gottes".[9] Indem sich Christen „unter das ,Gesetz Christi' (Gal 6, 2) stellen und in seiner Nachfolge leben", werden sie „mitten in unserer Lebenswelt" Zeugen der verwandelnden Macht Gottes: „als Friedensstifter und Barmherzige, als Menschen der Lauterkeit und Armut des Herzens, als Trauernde und Streitende, im unbesieglichen Hunger und Durst nach Gerechtigkeit (vgl. Mt 5, 3 ff.)."[10]

Das bedeutet einerseits: „Die Verheißungen des Reiches Gottes, das durch Jesus . . . unwiderruflich angebrochen und in der Gemeinschaft der Kirche wirksam ist, führen . . . mitten in unsere Lebenswelt hinein – mit ihren je eigenen Zukunftsplänen und Utopien."[11] Der „Realismus" des Reich-Gottes-Impulses lähmt das Interesse der Christen „am konkreten individuellen und gesellschaftlichen Leiden" nicht. Aber er kritisiert andererseits jene „Säkularisierungen" der christlichen Hoffnung, „die die Reich-Gottes-Botschaft selbst völlig preisgeben".[12]

REISINGER schreibt: „Durch die Weitergabe der Reich-Gottes-Verkündigung Jesu werden Bedingungen geschaffen für das Werden und Leben von Gemeinden; darin werden aber auch Impulse gesetzt, die verhindern helfen, daß Kirche/Gemeinde nur menschliche, rein innerweltliche, zukunftslose und möglicherweise gott-lose Konstruktion wird. Aufgabe der Gläubigen ist es, das Kommen des Reiches Gottes durch konsequente Umsetzung des Willens Gottes in die Praxis zu unterstützen."[13] Das kann u. U. bedeuten: Wo Gemeinde „ideologisch verkrustet oder . . . sich selbst verabsolutiert", ist es möglich, daß sie „dem Kommen des Reiches Gottes im Wege steht". Das heißt konkret: Keine Gemeinde-Konzeption darf das Kommen und Sichtbarwerden des Reiches Gottes behindern.[14]

3. Den Willen Gottes tun

Viele nehmen Ärgernis an den Christen, an der jeweiligen Lebensgestalt mancher Gemeinde, weil sie sich zu wenig am Beispiel Jesu orientiert, nicht glaubwürdig genug die Reich-Gottes-Botschaft lebt. Sie nehmen Anstoß an der Gemeinde, „weil sie ihr Wirken als zu unentschieden, zu angepaßt, bürokratisch und legalistisch erfahren, weil sie sich in ihrem Suchen und in ihren Nöten unverstanden und allein gelassen fühlen".[15] Gottes Willen gehorchen heißt, sich in jene Liebesbewegung einlassen, die aus der Liebe kommt, „in der sich Gott an Welt und Mensch verschwendet". „Der Wille Gottes ist im Liebesgebot wie in einem Brennpunkt zusammengefaßt . . . Es geht nicht mehr um dies oder jenes, sondern ums Ganze . . . Was gemeint ist, wird an Jesus sichtbar. Was er für uns getan hat, ist in kein Maß zu fassen, ist durch kein Gesetz gefordert. Bei ihm gibt es keine Kalkulation: Was kann und muß ich gerade noch tun, und was nicht? Er geht unendlich weit über das, was sein muß, hinaus. Er ist die nicht rechnende, wahrhaft überfließende ‚Gerechtigkeit' Gottes. Er übersteigt die Forderung des Gesetzes und sprengt alle Gesetzlichkeit."[16]

So lebt die Gemeinde im „Reibungsfeld" des Auftrags, jetzt schon ein Verwirklichungsort gelebter Christusnachfolge zu sein – und damit der kommenden Gottesherrschaft Bahn zu brechen – und für die verheißene Fülle der Heilszeit offen zu bleiben, wodurch sie zu einem Zeichen der frohen Hoffnung wird.

II. GESCHENKTES UND ERFAHRBARES HEIL IN DER GEMEINSCHAFT EINER „GEMEINDE“

Spätestens an dieser Stelle soll – auch im Sinne eines zusammenfassenden Augenblicks – die Frage nach der Notwendigkeit und den Möglichkeiten der *Reform* der Gemeinde beantwortet werden. In den vorausgehenden Überlegungen wurde mehrfach auf die Gefahr einer „Ideologisierung“ des Gemeindebegriffs hingewiesen.[17]

Die bibeltheologischen Abschnitte haben den neutestamentlichen Befund dargestellt, wonach die ersten Christengemeinden je nach Ort und Zusammensetzung der Gläubigen unterschiedlich strukturiert waren. So groß die Unterschiede in den äußeren Formen auch waren, alle „Gemeinden“ verstanden sich als die „Kirche Gottes“.

Auch heute hört die Gemeinde nicht auf, von Christus bestimmt zu sein; das heißt, im letzten muß Gemeinde transparent sein für das Heil, das Gott durch Christus den Menschen zukommen lassen will.

1. Gemeindereform = Kirchenreform

Eine Reform der Gemeinde ist nicht möglich, wenn sie von dem absieht, was Gemeinde zur „Gemeinde“ macht, nämlich, daß sie von Christus „gesammelt“ und „gesendet“ und von seinem Geist erfüllt wird. Im Zusammenhang der Überlegungen dieses Buches spielt deshalb das im zweiten Kapitel Gesagte für jede Reform der Kirche und damit der Gemeinde die zentrale Rolle.

Die Kirchenkonstitution des Zweiten Vatikanums sagt zur Aufgabe einer stetigen Reform: „Auf ihrem Weg durch Prüfungen und Trübsal wird die Kirche durch die Kraft der ihr vom Herrn verheißenen Gnade Gottes gestärkt, damit sie in der Schwachheit des Fleisches nicht abfalle von der vollkommenen Treue, sondern . . . unter der Wirksamkeit des Heiligen Geistes nicht aufhöre, sich selbst zu erneuern, bis sie durch das Kreuz zum Lichte gelangt, das keinen Untergang kennt.“[18]

a) Gemeinde – Werkzeug der Erlösung

Bevor die Frage gestellt wird, welche strukturellen Reformüberlegungen im Hinblick auf die Gemeinde anzustellen sind, ist ins Gedächtnis zu rufen, was Jesus aus der Sendung durch den Vater verkündete und gleichzeitig in die Tat umsetzte: „Der Menschensohn ist nicht gekommen, um sich dienen zu lassen, sondern um zu dienen und sein Leben hinzugeben als Lösegeld für viele" (Mk 10, 45). Von daher hat Gemeinde vor allem „Werkzeug der Erlösung" zu sein.[19]

b) Gemeinde – Versöhnungsgemeinschaft

Außer den bereits früher genannten Perspektiven zur Erneuerung der Gemeinde soll in diesem Zusammenhang bewußt auch auf die Bedeutung der Buße für die Reform der Gemeinde hingewiesen werden. So wie keiner im Alleingang Christ sein kann, sondern auf die Glaubensgemeinschaft angewiesen ist, hängt das Gelingen und die Fruchtbarkeit des Bußgeschehens von der Mitwirkung der Gemeinde ab. Nach der Weisung des Neuen Testaments – etwa in Kapitel 18 des Matthäusevangeliums – soll sich die Praxis des Füreinander-daseins auch im Sich-kümmern um die Sünder und Büßenden auswirken. Das könnte etwa vor allem im Bußakt der Eucharistiefeier geschehen. Damit kann der Gefahr einer zu großen Individualisierung des Bußvorgangs entgegengearbeitet werden. Hier bekennt die Gemeinde, daß sie eine Gemeinschaft von Büßenden ist. Intoleranz, Selbstgerechtigkeit und Lieblosigkeit als Versagen der *Gemeinde* (nicht nur der versammelten *einzelnen*) können zur Sprache gebracht werden. Dadurch tragen Bußelemente in der Eucharistiefeier (besonders aber auch eigene Bußgottesdienste) dazu bei, den Bewußtseinshorizont der Gemeinde als *büßende* und *vergebende Gemeinschaft* zu vertiefen. Zu ständigen geistigen Erneuerung der Gemeinde tragen auch die Liturgie der Firmung und regelmäßige Tauffeiern im Gemeindegottesdienst bei.

2. Offene Gemeinde

a) Offene „Strukturen“

Für Reformüberlegungen hinsichtlich möglicher „Sozialformen“ der Gemeinde ist davon auszugehen, daß sich die Kirche aufs Ganze gesehen auf die situativen Bedingungsfaktoren der Zeit eingelassen und neben vorgegebenen soziologischen unter anderem rechtliche Strukturen übernommen hat. Schon das Neue Testament kennt neben der Jerusalemer Gemeinde, in der unter anderem Presbyter verantwortliche Funktionen ausübten (vgl. Apg 11, 30; 15, 2. 4. 22 f. u. ö.), die Gemeinde in Antiochien, in der es Propheten und Lehrer gab (Apg 13, 1). Daneben nennt Paulus außer der Fülle von „Diensten“ die „Gnadengaben“, die der Auferbauung der Gemeinde dienen (vgl. 1 Kor 12 u. Eph 4, 7 ff.); während aus den Pastoralbriefen (Tit 1 u. 2 Tim) bereits Umrisse eher verbindlicher Gemeindeformen mit einer anfänglichen Amtsstruktur erschlossen werden können.[20]

Damit soll das Ergebnis der biblischen Reflexionen unterstrichen werden, aus denen Mut zu Formen einer „offenen Gemeinde“ gefaßt werden kann.

Insofern stellen die Umschreibungsversuche im Zusammenhang der Synodenberatungen in Würzburg zwar notwendige „Markierungen“, aber auf keinen Fall für alle Zeiten festgeschriebene Abgrenzungen dar. Jedes Bemühen um eine Begriffserklärung muß *offen* bleiben. Daß es keine *endgültige* Definition von „Gemeinde“ als einer fixen Sozialform von Kirche geben kann, hängt letztlich mit dem Charakter der stets im Werden befindlichen Kirche „auf dem Pilgerweg“ zusammen.[21] Für die Kirche und Gemeinde auf der „Pilgerschaft“ hat das Zweite Vatikanische Konzil in der Kirchenkonstitution jene dynamische Bilderreihe zusammengefügt: unter anderem „Pflanzung“, „Acker Gottes“, „Gottes Bauwerk“, „Zelt Gottes“, die einerseits für *Wachstum* und *Fruchtbarkeit*, andererseits aber auch für Beweglichkeit typisch sind.[22] Beweglich waren auch die Zeichen der „Wolke“, der „Feuersäule“ und des „Bundeszeltes“, in denen Gott seinem wandernden Volk, es begleitend, nahe war (unter anderem Dtn 1, 33 u. Num 9, 15 ff.). Insofern ist die bereits genannte Prophetenstelle von Jerusalem der „offenen Stadt“ (Sach 2, 8) für die „Offenheit der Gemeinde“ besonders aussagekräftig.

Eine derartige Offenheit schon im *Begriff* von Gemeinde widerspricht dem Interesse einer exakten Begriffsbildung.[23] Dennoch ist es unmöglich, vor allem im Zusammenhang einer Pluriformität von Gemeindemodellen ohne fundierte theologische Überlegungen auskommen zu wollen. Gemeinde im Sinne Jesu Christi steht nun einmal nicht zur Disposition menschlicher Entwürfe wie ein „Gemeinwesen". Gerade auch die Begriffsgeschichte des Ausdrucks „Pfarrei" zeigt, was theologisch mit der Bezeichnung „Parochie" (= „Paroikia") verstanden wird. Unter dieser Perspektive ist eine terminologische Gleichsetzung von „Gemeinde" und „Pfarrei", wie auch die oben zitierten Synodenbeschlüsse zeigen[24], nicht sinnvoll und möglich. Der Begriff „Pfarrei" meint mehr den klar umgrenzten und „überschaubaren Lebensraum", der Begriff „Gemeinde" bringt mehr den Ereignischarakter zum Ausdruck. In meiner früheren Veröffentlichung zum Thema „Gemeinde"[25] habe ich deshalb dem Ausdruck „Pfarrgemeinde" einen gewissen Vorzug gegeben. Diese Bezeichnung versucht, die Dimension des Lebensraums mit dem „Ereignis" Gemeinde zu verbinden.

b) Offenheit für die Menschen

Für den Weg der Gemeinde durch die achtziger Jahre und darüber hinaus eröffnen jene Sätze begehbare Markierungen, die Papst Johannes Paul II. in seiner Antrittsenzyklika „Redemptor hominis" programmatisch über den Weg der Kirche geschrieben hat: „Der erste und grundlegende Weg, den die Kirche bei der Erfüllung ihres Auftrags beschreiten muß, ist der Mensch."[26]

Angesichts der Tendenzen in der Pastoral der Gemeinde, bestimmte Anforderungen zum Kriterium der Gemeindezugehörigkeit zu machen, verdient der Grundansatz der Enzyklika Beachtung für die Seelsorge in der Gemeinde: „Die Kirche darf am Menschen nicht vorbeigehen; denn sein ‚Geschick', das heißt seine Erwählung, seine Berufung, seine Geburt und sein Tod, sein ewiges Heil oder Unheil sind auf so enge und unaufhebbare Weise mit Christus verbunden. Dabei geht es wirklich um jeden Menschen . . . in all seiner unwiederholbaren Wirklichkeit im Sein und im Handeln, im Bewußtsein und im Herzen . . . Jeder Mensch – ohne jede Ausnahme – ist von Christus erlöst worden. Christus ist mit jedem Menschen, ohne Ausnahme, in irgendeiner Weise verbunden, auch wenn sich der Mensch dessen nicht bewußt ist: ‚Christus, der für alle gestorben und auferstanden ist, schenkt dem Menschen' – jedem einzelnen und allen zusammen – ‚fortwährend Licht und Kraft durch seinen Geist, damit er seiner höchsten Berufung entsprechen kann'." . . . Deshalb „muß sich die Kirche unserer Zeit immer wieder neu die ‚Situation' des Menschen bewußtmachen. Sie muß seine Möglichkeiten kennen, die eine immer neue Richtung nehmen und so zutage treten; zugleich aber muß die Kirche die Bedrohungen kennen, die über dem Menschen hängen."[27]

Ein Hauptvorwurf, der gegen die Praxis mancher Gemeinden erhoben wird – gleichgültig um welche „Richtung" es sich beim jeweiligen „Typ" von Gemeinde handelt –, heißt: „Die Gemeinde geht am Leben der einfachen Leute vorbei und bevorzugt nur eine bestimmte ‚Elite'." Seelsorgliche Kontakte und Einzelgespräche anläßlich der Pastoral an den sogenannten „Lebenswenden" machen die Gefahr bewußt, daß ein zu „elitäres" Gemeinde- oder Pfarrkonzept, mit dem ein Pfarrer alles, und zwar alles auf einmal erreichen will, das Leben der Menschen verfehlen kann. Hier gibt es viele verborgene Ängste, Befürchtungen, Trostlosigkeit, Verwundungen, Störungsherde vielfacher Art, unter denen die Menschen leiden; Dinge, die einzelne innerlich belasten und unter Druck setzen. Die Seelsorge darf die Augen nicht verschließen vor den größer werdenden wirtschaftlichen Problemen, die auf eine zunehmende Zahl von Jugendlichen und Erwachsenen in der Lebensmitte zukommen. Ganz zu schweigen von den sozialen Problemen der älter werdenden und der alten Menschen. Alle diese inneren und äußeren Schwierigkeiten blockieren nicht nur den Weg vieler zur Gemeinde, sondern stellen den Glauben an Gott vor harte Belastungsproben.

Der Alltag mit den Belastungen beruflicher, zunehmend aber auch gesamtökonomischer und gesellschaftspolitischer Art nimmt viele derart in Anspruch, daß sie kaum noch einen Spiel- und Freiraum erkennen für ein intensives Engagement in der Gemeinde. So hat jeder Mensch „seine persönliche Geschichte" mit „zahllosen Bindungen, Kontakten, Situationen und sozialen Strukturen, die ihn mit anderen Menschen verbinden".[28]

Von daher muß die Forderung nach der Offenheit der Gemeinde „für die Menschen", und zwar für alle, unterstrichen werden. Aufgabe der Christen ist es, dort zu sein, wo die Menschen leben. Dort sollen sie ein Stück Erfahrung vermitteln, was ihnen selbst Gemeinde gibt. Wo es um die lebens- und damit menschennahe Verwirklichung von Heil im umfassenden Sinne geht, wird die Gemeinde positiv gesehen zu einem „Zufluchtsort“ für die Menschen; zu einem Raum der rettenden Beziehung zu Jesus Christus und damit zugleich zu Gott und zu den Menschen.

In gewisser Weise brauchen sowohl der einzelne als auch die Gruppen und Gemeinschaften einen Raum der Selbstfindung und der Sammlung. Zuflucht suchen ist ein Charakteristikum des Glaubens. Der Ausdruck „Zufluchtsort“ darf jedoch nicht den Eindruck erwecken, der Christ könne sich in eine „Fluchtburg“ zurückziehen und sich damit der Verantwortung für die Welt entziehen. Nichts wäre verhängnisvoller als ein Rückzug in den „behaglichen“ Schoß der Gemeinde oder in den „Fluchtpunkt“ einer reinen Innerlichkeit.

In dieser Hinsicht sind basisgemeindliche Ansätze, die menschen- und damit wirklichkeitsnahe Versuche unternehmen, menschenwürdige Lebensbedingungen zu garantieren, und die Aufbruchsbewegungen, die das Sauerteig-Prinzip zu verwirklichen suchen, ein „Stachel im Fleisch“ mancher Pfarrei. So werden die Bestrebungen alternativ lebender Gemeinden zu Impulsen der Veränderung und Reform überholter Strukturen.[29]

3. Prophetische Gemeinde

Nach dem Zeugnis neutestamentlicher Texte besteht die Aufgabe des „Prophetenamts“, auf dem neben dem „Apostelamt“ die Kirche, das neue Israel der messianischen Heilszeit, gründet, in der Auferbauung der Gemeinde (1 Kor 14, 3. 31; Apg 15, 32). Propheten verteidigten im Alten Testament den authentischen Jahweglauben gegen jede Verfälschung und Verflachung. Die innere Überzeugung und Strahlkraft nach außen befähigte die Rufer und Mahner Gottes im Alten und Neuen Bund zur entschiedenen Kritik an der Gemeinde, vor allem dann, wenn sie in der Gefahr der Untreue stand.

Auch in der heutigen Gemeinde gibt es „geistbegabte“ Persönlichkeiten, kraftvolle Verkünder und passiv Leidende, die mit Gott ringen und für das Volk eintreten. „Dem *Geist* verdankt die Gemeinde Christi, die Ekklesia, immer neue Einfälle und Wege, immer neue und überraschende Gaben, Charismen und Krafterweise, außergewöhnliche und alltägliche, äußerlich feststellbare und innerlich erfahrbare."[30] Mit dem Heiligen Geist wird in der Gemeinde ein dynamisches, vorwärtsdrängendes und veränderndes Prinzip wirksam.

Aus dieser Kraft vermag die Gemeinde durchaus ein „kritisches Korrektiv" zu sein gegen jegliche menschliche und institutionelle Trägheit, ein Anstoß, das eigene Wirken stets neu an der Botschaft und am Beispiel Jesu zu messen.

Gemeinde steht immer wieder in der Gefahr, sich selbst zu genügen. Manche Aktivitäten dienen fast bloß der Selbsterhaltung der Gemeinde. Hier wird das Salz „schal". Die Gemeinde stellt ihr „Licht unter den Scheffel" und der Sauerteig geht keine Verbindung mit dem Ganzen ein (Mt 5, 13 f.; Mk 9, 50; 4, 21; Mt 13, 33). Eine Gemeinde bleibt im Sinne Jesu „ohne Früchte" (Mt 7, 15–20), wenn man nicht an ihrem Leben die Existenz „für die anderen" ablesen kann. Wenn sich Gemeinde nicht aus der Selbstisolierung löst, sich im Geiste Jesu vor allem den Einfachen und Armen, den Kindern und Kranken, den Trauernden und vom Leben bitter Enttäuschten, den gesellschaftlich an den Rand Gedrängten zuwendet, fehlt ihrer Verkündigung und ihrer Gottesdienstfeier das gelebte Zeugnis. Durch dieses wird der Hinweis auf Gottes umfassendes Heil erst glaubhaft.

Ein solches prophetisches Wirken der Gemeinde muß getragen sein von der Überzeugungskraft einzelner, die deshalb Rufer und Mahner sein können, weil sie als Hörende selbst ganz Gottes Wort gehorchen. In diesen Glauben ruft Gemeinde als „kritisches Korrektiv" jeden einzelnen aus ihr und sich selbst in diesen Gehorsam Gott gegenüber.

Anmerkungen zum fünften Kapitel

[1] Zu den bereits genannten Publikationen vgl. u. a. folgende Titel: BETZ, Otto (Hrsg.): Gemeinde von morgen. München 1979; FRIEDBERGER, Walter u. Franz SCHNIDER: Theologie – Gemeinde – Seelsorge. München 1979; GLATZEL, Norbert: Gemeindebildung und Gemeindestruktur. München – Paderborn – Wien 1976; KLOSTERMANN, Ferdinand: Gemeinde – Kirche der Zukunft. 2 Bde. Freiburg – Basel – Wien 1974; Ders.: Gemeinde ohne Priester. Mainz 1981; KUGLER, Georg: Zwischen Resignation und Utopie. Die Chancen der Ortsgemeinde. Gütersloh 1971; PFAMMATTER, Josef u. Franz FURGER (Hrsg.): Volkskirche – Gemeindekirche – Parakirche. (Theologische Berichte 10) Zürich 1981; SCHNEIDER, Gert: Grundbedürfnisse und Gemeindebildung. Soziale Aspekte für eine menschliche Kirche. München/Mainz 1982; WIENER, Josef u. Helmut ERHARTER (Hrsg.): Pfarrseelsorge von der Gemeinde mitverantwortet. Wien – Freiburg – Basel 1977.

[2] Vgl. REISINGER, Ferdinand: „Christliche Gemeinde" – Möglichkeiten und Grenzen. In: Ders. (Hrsg.): Menschsein in der Gesellschaft. Linz 1983, 93–138, hier 136.
[3] Ebd.
[4] WIEH, Hermann: Konzil und Gemeinde. Eine systematisch-theologische Untersuchung zum Gemeindeverständnis des Zweiten Vatikanischen Konzils in pastoraler Absicht. Frankfurt a. M. 1978, 194 f.
[5] REISINGER: A. a. O.
[6] Kirchenkonstitution Nr. 9.
[7] Beschluß „Unsere Hoffnung". In: Gemeinsame Synode 99 (Hervorhebung durch den Verf.).
[8] LEHMANN, Karl: Seelsorge heute. In: Das Erzbistum Freiburg 1827–1977. Hrsg. vom Erzbischöflichen Ordinariat. Freiburg i. Br. 1977, 115 (Ergänzung vom Verf.).
[9] Beschluß „Sakramentenpastoral". In: Gemeinsame Synode, 241.
[10] Beschluß „Unsere Hoffnung". In: A. a. O. 97.
[11] Ebd. 95.
[12] Ebd. 97.
[13] REISINGER: A. a. O. 138.
[14] Vgl. ebd.
[15] Vgl. „Perspektiven unserer Hoffnung", Nr. 11. Abgedruckt in: Festprogramm des Österreichischen Katholikentags '83. Wien 1983, 43.
[16] KAMPHAUS, Franz: Der Gehorsam. In: Johannes BOURS u. Ders. (Hrsg.): Leidenschaft für Gott, 151 f.
[17] Vgl. dazu bes. REISINGER: A. a. O.
[18] Kirchenkonstitution Nr. 9.
[19] Ebd.
[20] Vgl. oben S. 54f.
[21] Vgl. Kirchenkonstitution Nr. 8 u. 50.
[22] Vgl. ebd. Nr. 6.
[23] Vgl. METTE: Gemeinde wozu?, 95 u. 105.
[24] Vgl. oben S. 17–21.
[25] Vgl. MÜLLER: Lebensräume des Glaubens. Wege zur Verwirklichung der Kirche in Gruppe und Gemeinde.
[26] Vgl. JOHANNES PAUL II.: Die Würde des Menschen in Christus („Redemptor hominis"). Die Antrittsenzyklika mit einem Kommentar von Bernhard HÄRING. 3. Aufl. Freiburg – Basel – Wien 1979, 48–51, hier 49 f.
[27] Ebd. 48–51.
[28] Ebd. 49.
[29] Vgl. LEHMANN, Karl: Gemeinde, 52.
[30] KLOSTERMANN, Ferdinand: Veränderung in der Kirche als theologisches und praktisches Problem. In: Ders. u. Rolf ZERFASS (Hrsg.): Praktische Theologie heute, 643.